KB192325

조지 휘트필드

조지 휘트필드

지은이 송삼용
펴낸이 안용백
펴낸곳 (주)도서출판 넥서스

초판 1쇄 발행 2009년 8월 20일
초판 2쇄 발행 2009년 8월 25일

출판신고 1992년 4월 3일 제311-2002-2호
121-840 서울시 마포구 서교동 394-2
Tel (02)330-5500 Fax (02)330-5555
ISBN 978-89-6000-590-7 03230
      978-89-6000-585-3 (세트)

www.nexusbook.com
넥서스CROSS는 (주)도서출판 넥서스의 기독 브랜드입니다.

George Whitefield

오직 하늘만 바라본 설교자

조지 휘트필드

송삼용 지음

넥서스CROSS

머리말

한 시대의 역사는 더 위대한 새 역사를 창조하는 발판이 된다. 각 시대마다 불꽃처럼 살다간 믿음의 거장들은 후대 젊은이들의 심장을 태운 불쏘시개가 되어왔다.

일례로, 18세기 부흥의 대가 조지 휘트필드의 심장을 불태웠던 불씨는 헨리 스쿠걸의 《인간의 영혼 안에 있는 하나님의 생명》이었다. 근대 선교의 아버지 윌리엄 캐리의 가슴에 불을 지폈던 동력은 《데이비드 브레이너드의 생애와 일기》였다. 그리고 중국 선교의 개척자 허드슨 테일러의 믿음 선교에 영향을 끼쳤던 사람은 조지 뮬러였다. 거장이 또 다른 거장을 낳은 셈이다.

역사를 빛낸 거장들의 생애를 탐구하면서 내내 마음 한편에 새겨둔 소망이 있었다. 시대를 빛낸 믿음의 거장들을 통해 또 다른 거장들이 배출되기를 소원하는 간절한 바람이었다. 거장들의 삶을 조명한 이유가 바로 그것이었다. 이 땅에도 하나님의 영예를 드높이는 위대한 거장들이 배출되기를 바라는 소망, 그리고 거장들의 숭고한 신앙과 삶에 도전받아 하나님의 손에 붙들린 바 된 또 다른 거장들이 구름 떼처럼 일어나기를 바라는 소망, 그것이 바로 《믿음의 거장 시리즈》의 집필 목적이다.

역사는 변함이 없다! 역사를 다스리시는 하나님의 방법에도 변함이 없으시다. 그러기에 나는 여기에 소개한 거장들이 분명 우리 시대의 또 다른 거장들을 낳는 원동력이 되리라고 믿는다.

부족하지만 나는 그 일을 위해 쉼 없이 기도할 것이다.

《믿음의 거장 시리즈》에 소개된 거장들을 만나는 사람마다 심장에 뜨거운 불길이 타오르도록 간구하며, 그런 도전으로 인해 하나님의 이름과 교회를 빛낼 또 다른 거장들이 세워지도록 기도할 것이다.

찬란한 광채가 빛나는 거장들의 태양 같은 삶과 영성에 비하면 나는 금방 시들어버릴 듯한 반딧불같이 나약한 사람에 불과하다. 그럼에도 불구하고 값진 탐구의 대열에 서게 되어 몸둘 바를 모르겠다. 더욱이 거장들의 삶을 조명하는 일은 역사적 안목과 통찰력이 요구되는 전문적인 일인데도 일천한 지식으로 위대한 거장들의 생애를 탐구하게 되어 부끄러울 뿐이다.

벌레같이 보잘것없는 비천한 죄인에게 귀한 사역을 맡

겨주신 하나님께 감사드리며, 모든 영광을 하나님께 돌려 드린다. 하나님의 이름과 교회의 유익을 위해 《믿음의 거장 시리즈》를 기획·편집한 넥서스크로스 편집부 직원들의 노고에 심심한 사의謝意를 표한다.

거장들이 준 감동과 도전, 그리고 하늘의 비전을 모든 독자와 함께 나누고 싶다.

송삼용

차례

George Whitefield

∿ 생애 개관

18세기 설교와 부흥의 거장 조지 휘트필드는 1714년 12월 16일 영국 중부지방 글로스터에서 태어났다. 휘트필드의 어린 시절은 다른 친구들이 부모의 사랑을 받고 행복한 가정생활을 누린 것에 비하면 상당히 불행한 편이었다. 휘트필드는 2살 때 아버지의 죽음으로 인해서 가정 경제에 큰 타격을 입었기 때문이다. 그런 이유로 그는 어려서 정상적인 교육을 받지 못하고 자랐다.

그러다가 12살에 이르러서야 교회 부설 학교에 다니기 시작했다. 하지만 15살 때, 어려운 가정 형편 때문에 어머니를 돕기 위해 약 1년 반 정도 학교를 중단하기도 했다. 그 무렵에는 여인숙 급사로 일할 정도로 가정 형편이 극심하게 어려웠다. 더구나 4살 때에는 홍역을 앓다가 생긴 눈 부위의 흉으로 인해 '사팔뜨기'라는 별명까지 갖게 되었으니 어린 시절 내내 무거운 짐을 안고 자란 셈이다.

하지만 휘트필드는 어려서부터 배워온 신앙의 힘으로

가정의 불운과 신체의 결함을 잘 이겨냈다. 그 결과 18살 때에는 옥스퍼드 펨브룩 대학에 당당하게 입학했다. 그는 대학 시절 내내 일분일초도 낭비하거나 헛되이 보내지 않았다. 오히려 학업에 최선을 다했고, 영적 성장을 위해서도 최선을 다함으로써 누구보다 성공적인 대학 시절을 보낼 수 있었다.

휘트필드는 어렸을 때부터 성경을 읽으면서 신앙심이 깊어졌다. 옥스퍼드 대학 시절에는 많은 신앙 고전과 청교도 서적도 독파해나갔다. 특히 옥스퍼드 대학교에서 만난 홀리클럽 회원들과의 교제는 영적 훈련에 많은 도움이 되었다. 헨리 스쿠걸이 쓴《인간의 영혼 안에 있는 하나님의 생명》이라는 책은 휘트필드가 거듭남을 체험하는 데 결정적인 계기를 만들어주었다.

휘트필드는 어려서부터 목사가 되겠다는 꿈을 꾸었다. 하지만 자신이 목사가 되기에 너무나 부족하다는 것을 깨닫고 쉽게 결정내리지 못했다. 그러나 대학을 마친 후 주변 사람들의 지속적인 권면과 조언을 듣고 수천 번이나 눈물로 기도했다. 목회자의 소명을 확인할 때까지! 결국 그는 하나님의 응답을 확인한 후에 성직자의 길을 결단하고 21살 때 안수를 받게 되었다.

휘트필드는 국교회의 직제에 의해서 먼저 집사로 안수를 받은 후 공식 설교자로 사역했다. 그 후 생을 마칠 때까지 능력과 권세 있는 설교로 사역을 이끌었다. 휘트필드는 말씀의 불꽃으로 한 시대를 불태운 세기적인 설교자였다. 영국과 웨일즈 그리고 스코틀랜드 전역에서 휘트필드가 설교하러 온다는 소문을 듣고 수천, 수만 명씩 모여들었다. 당시에 모였던 최대 인파는 8만 명의 인파가 모였으니 경이적인 일이었다.

그의 사역은 보통 사람으로는 상상할 수 없을 정도였다. 30여 년 동안 한 주일에 약 20시간 혹은 40시간, 60시간씩 수천, 수만의 사람에게 설교했다. 1년에 천 번 정도, 평생 3~4만 번의 설교를 했으며 공식적인 대중 집회를 1만 8천 번이나 인도했다. 하지만 휘트필드의 탁월한 설교와 엄청난 군중 동원의 위력은 당시 많은 성직자에게 미움과 시기의 대상이 되었다. 결국 설교 사역을 시작한 지 1년이 조금 지난 후부터 들판이나 산, 혹은 공공시설 등 야외의 어느 곳에서나 설교함으로써 야외 설교의 선구자가 되었다.

휘트필드의 사역은 영국과 웨일즈 그리고 스코틀랜드에만 제한되지 않았다. 휘트필드 집회를 기점으로 시작된 영적 부흥 운동은 미국의 대각성 운동에도 큰 영향을 끼쳤다. 휘트필드가 미국에 처음 발을 디딘 때는 22살 때였다. 당시 존 웨슬리의 원조 요청으로 조지아 주에 가서 영적 각성의 불을 붙였다. 그 후에 휘트필드는 집회 때마다 모인 헌금으로 조지아 주에 베데스다 고아원을 건축했다.

7차례에 걸친 미국 방문 때마다 성령의 역사가 그치지

않았다. 부흥의 불길이 영국에서 미국까지 번져간 것이다. 영국의 집회처럼 휘트필드가 가는 곳마다 군중들이 구름떼처럼 모여들었다. 당시 미국에서는 길버트 테넨트, 조나단 에드워즈 등과 같은 위대한 사역자들이 대각성 운동을 주도하고 있었다. 여기에 휘트필드의 강력한 설교가 더해져 미국 영적 각성의 정점을 찍게 되었다.

이처럼 세기를 불태운 휘트필드의 말씀 사역도 그리 평탄한 길은 아니었다. 그의 사역은 평생 적대자들과 폭도들에 의해서 방해를 받았다. 심지어 국교회 성직자들에 의해서 심한 공격을 받기도 했다. 미국에서 휘트필드를 광신주의자의 원조로 몰아붙여 한때 큰 어려움을 겪기도 했다. 영국에서는 존 웨슬리의 방해로 항상 구름떼처럼 몰려오던 청중이 등을 돌려버림으로써 큰 아픔을 경험하기도 했다.

그럼에도 불구하고 휘트필드는 좌절하지 않았다. 그는 그리스도의 복음을 위해서 일편단심으로 사역에만 열중

했다. 그 결과 모든 오해가 풀려서 곧바로 사역의 활력소를 되찾는 경우가 한두 번이 아니었다. 휘트필드는 그렇게 많은 비난과 오해 가운데서도 복음을 전하는 일이라면 시간과 장소를 가리지 않았다. 그는 오직 그리스도를 높이면서 불 같은 열심과 열정으로 평생 사역한 불굴의 사역자였다.

휘트필드의 설교는 새벽부터 저녁 늦게까지 계속될 때가 비일비재했다. 미국으로 항해할 때는 선상에서 조립식 강대상을 만들어놓고 설교하기도 했다. 그렇게 바쁜 설교 일정 가운데서도 틈만 나면 수백, 수천 통에 이르는 편지를 써서 복음을 증거할 정도로 복음의 열정으로 불탔다. 그는 몸이 지쳐 쓰러지는 한이 있더라도 복음을 전하는 일은 중단하지 않겠다는 각오로 일했다. 게다가 미국에서 세상을 떠나기 전날 저녁까지 설교하고 나서 1770년 9월 30일 주일 아침 7시에 55살의 일기로 하나님 품에 안겼다.

휘트필드의 사상적 체계는 칼뱅주의 사상을 기반으로

형성되었다. 그것은 18세기 영국 부흥 운동에 있어서 휘트필드와 함께 중요한 역할을 했던 존 웨슬리와 극명하게 대조되는 점이었다. 존 웨슬리는 알미니안 신학 체계를 따름으로써 휘트필드와 결별하고 다른 노선을 걸으며 부흥 운동을 주도했다. 휘트필드는 군중의 주도권 문제로 웨슬리로부터 많은 상처와 아픔을 겪었지만 복음 외에 모든 것을 포기했다. 야외 집회의 선구자로서 웨슬리 집회의 조력자 역할을 하기도 했지만 군중의 주도권을 웨슬리에게로 넘겨주었다.

심지어 자신에게 주어진 칼뱅주의적 감리교협회의 수장직까지 웨슬리에게 양보할 정도로 그리스도 안에서의 연합을 중시했다. 그는 그리스도의 이름보다 자신의 이름이 더 높아질 것을 우려하면서 이런 유명한 말을 남겼다.

휘트필드라는 이름은 사라지게 하고, 모든 사람의 발길

아래 짓밟히게 하라. 그렇게 함으로써 그리스도의 이름이 영화롭게 될 수 있다면. … 내 이름은 모든 곳에서 없어지게 하고, 내 친구들조차 나를 잊게 하라. 그렇게 함으로써 복되신 그리스도의 대의가 증진될 수만 있다면.

1장

~

좌절에서 일어난 오뚝이 신앙

George Whitefield

성경과 함께한 어린 시절

조지 휘트필드는 1714년 12월 16일, 영국 중부지방의 글로스터Gloucester에서 태어났다. 아버지 토머스는 원래 영국 남서부 지방에 위치한 브리스틀Bristol에서 술집을 경영하다가 세인트 메리 드 크립트St. Mary de Crypt 교회의 위원으로 섬기기도 했다. 토머스는 브리스틀 출신의 엘리자베스라는 동갑내기 처녀와 결혼해서 6남 1녀의 자녀를 낳았다. 휘트필드는 그중 막내로 태어나 부모와 형제의 사랑을 듬뿍 받으며 유아 시절을 보냈다.

그러나 휘트필드가 태어난 지 2년쯤 지날 무렵 유복하던 가정에 거센 폭풍우가 몰아닥쳤다. 당시 35살이었던 아버지 토머스 휘트필드가 세상을 떠난 것이다. 갑자기 남편을 잃은 미망인 엘리자베스는 어린 7남매와 함께 글로스터에서 여인숙을 경영하면서 힘겹게 가계를 꾸려나갔다.

그러다가 얼마 후에는 고향인 브리스틀로 이사해서 선술집과 여인숙을 함께 경영했지만 가계는 더 기울어갔다.

토머스가 죽은 지 8년째 되던 해에 엘리자베스는 오랫동안 이웃에 살아온 케이플 롱든이라는 사람과 재혼했다. 하지만 가정 경제에 도움이 될 것이라는 판단으로 어렵게 시도했던 재혼이 형편을 더욱 어렵게 만들었다. 후일 휘트필드가 어머니의 재혼에 대해서 이런 고백을 한 적이 있다.

하나님께서 그것을 선으로 바꾸기는 하셨지만 그것은 누가 봐도 일시적인 이득을 위해서 이루어진 불행한 만남이었고, … 특히 내 마음에 좋지 않는 인상을 주었다.

그런 가정 형편은 어린 시절 아버지의 사랑을 받지 못한 휘트필드에게 또 하나의 불운이었다. 어머니의 재혼 후에 가정 경제 회복이 불가능할 정도로 위기를 맞았기 때문이었다. 어려운 가정 형편은 휘트필드의 교육에도 크게 영향을 미쳤다. 12살까지 정상적인 학교 교육을 받지 못했으니 어린 휘트필드에게는 큰 불행이었다. 하지만 12살부터 15살까지 교회 부설 학교에 다니면서 공교육 과정을 이수한 것은 불행 중 다행이었다.

어린 휘트필드의 효심은 남달랐다. 비록 나이가 어렸지만 어려운 가정 형편을 이해하고 어머니를 돕기 위해 15살 때부터 학교를 중단했으니 기특한 일이었다. 그때부터 약 1년 반 동안 여인숙 급사로 일하면서 어머니 일을 도왔다. 그 시절을 회상하면서 휘트필드는 이렇게 진술했다.

그때 나는 1년 반 동안 푸른 앞치마를 두르고, 걸레를 빨거나 방을 청소하면서 때로는 양초를 자르는 가위를 들고 분주하게 집안일을 도왔다. 한마디로 직업적인 급사가 되었다.

비록 어머니를 도와야겠다는 효심孝心으로 자진하여 여인숙 급사로 봉사했지만, 한편으로 여인숙 급사라는 직책은 어린 휘트필드에게 적지 않은 내면의 고통이었다. 나중

에 여인숙 급사로 일했던 시절을 회상한 그의 고백은 불운
했던 그 시절의 갈등을 잘 대변해준다.

    또래 친구들이 학교에 가는 것을 볼 때 종종 내 마음이 찢
    어지는 듯했다.

    어린 휘트필드의 불운은 그것만이 아니었다. 4살 때 홍
역을 앓다가 간호사의 실수로 눈 부위에 흉이 생겨 사팔뜨
기처럼 보인 것이 치명적인 약점이었다. 나중에 그의 명성
이 드러난 후 '사팔 박사'로 통하긴 했지만, 어렸을 때 '사
팔뜨기'라는 놀림은 휘트필드에게 적지 않은 고통이었다.
    이렇듯 휘트필드는 남달리 어린 시절을 불행하게 보냈
다. 그러나 가정의 불운이나 신체의 결함에도 불구하고 조
금도 좌절하지 않았다. 그에게는 비록 어릴지라도 차가운
현실을 극복할 만한 강한 신앙심이 있었기 때문이다. 후일
휘트필드의 고백이 이를 명백하게 입증해준다.

여인숙에서 일을 마친 후에 늘 성경을 읽음으로써 신앙을 견고하게 했다.

어린 시절 휘트필드의 신앙 형성에 가장 큰 도움을 준 것은 성경이었다. 그는 어렸을 때부터 성경을 읽으며 신앙의 기초를 쌓아갔다. 그 외에 신앙 형성에 도움을 주었던 것은 《켄의 윈체스터 학자들에 대한 안내서Ken's Manual for Winchester Scholars》라는 책이었다. 휘트필드는 15살 때 그 책을 구입한 후 여러 차례 읽었다. 나중에 그는 그 책이 "내 영혼에 큰 유익이 되었다"고 고백한 바 있다. 또 하나의 책은 로Law의 《경건한 삶으로의 진지한 부르심Serious Call to Devout Life》이라는 책이었다. 휘트필드는 그 책을 읽고 싶었으나 그 책을 살 만한 돈이 없어서 늘 마음에 간직하고 있었다. 그러다가 몇 년 후 그가 옥스퍼드에 갔을 때 한 친구에게 그 책을 빌려 읽고는 이렇게 말했다.

하나님께서 그 책을 통해 내 영혼에 강하게 역사하셨다.

그 외에도 휘트필드는 많은 청교도 책을 포함해서 고전과 전기를 읽었다. 고전 중에서 가장 즐겨 읽었던 것은 토마스 아 켐피스Thomas a Kempis의 《그리스도를 본받아》였다. 전기류는 크랜머 대주교Archbishop Cranmer, 라티머Latimer, 후퍼Hooper, 가드너 주교Bishop Gardner, 번연Bunyan, 루터Luther, 로Law, 할리버톤Haliburton, 칼뱅Calvin, 필립 헨리Philip Henry 등의 전기를 읽었다. 그런 고전과 전기 외에도 고대 그리스 시인 호머Hormer와 당대 유명했던 영국의 조지 허버트George Herbert, 미국의 에드워드 테일러Edward Taylor와 같은 시인들의 시를 종종 읽곤 했다. 이런 다양한 종류의 책은 어린 휘트필드의 신앙과 사상을 형성하는 데 큰 영향을 끼쳤다.

성직자 가문의 목사 지망생

휘트필드 가문은 5대에 거쳐 2명의 사위까지 포함해 모두 9명이 옥스퍼드 대학교 출신이었다. 그들은 모두 영국 교회의 교구 목사였다. 휘트필드의 아버지 토머스는 비록 성직의 길은 걷지 않았지만, 그의 가문 상당수가 성직자였다는 것은 하나님의 특별한 섭리가 있었음이 명백하다. 한 세기의 위대한 역사를 이루기 위해 하나님께서는 한 가문을 미리 성직자 가문으로 조성하셔서 그 후손을 예비하신 것이다. 실로 그것은 하나님의 손길이었다.

휘트필드의 조상 중에 9명이나 성직자의 길을 걸었다는 사실은 그의 어머니 엘리자베스로 하여금 아들이 성직의 길을 갈 것을 기대하는 데 충분한 요건이 되었다. 그녀는 휘트필드의 교육에 매우 신경을 쓰면서 아들이 목회의 길을 가도록 소망했다. 그런 영향 때문인지 어린 휘트필드에게 장래 꿈이 무엇이냐고 물으면 그는 선뜻 목사가 되겠다고 대답하곤 했다. 후일 휘트필드는 다음과 같이 고백할 정도였다.

나는 언제나 목사가 된다는 것을 좋아했고, 기도문을 암송하는 목사님을 흉내 내기도 했다.

휘트필드는 목사 외에도 연기에 대한 꿈을 갖고 있었다. 그는 연극 연습을 하느라 며칠씩 학교에도 못갈 정도로 연기하는 것을 좋아했다. 이처럼 어린 시절부터 무대 활동에 있어서 타고난 능력을 발휘했다. 때로는 많은 사람을 놀라게 할 만큼 생생하게 연기하기도 했다. 뛰어난 연기력 외에 웅변에도 남다른 재능이 있었다.

그런 재능 때문인지 학교에서나 글로스터 시에서 종종 연설자로 뽑히기도 했다. 그래서 휘트필드는 연기와 웅변에 대한 꿈을 쉽게 버리지 못했다. 그러던 중 17살 때 어느 날 밤에 꾸었던 꿈은 그에게 '목사 지망생'에 대한 확고한 비전을 심어준 듯하다. 휘트필드는 그날 저녁을 이렇게 회상했다.

나는 꿈에 시내 산에 계신 하나님을 만나기로 되어 있었으나 그분을 만나는 것은 참으로 두려운 일이었다. 그 꿈은 나에게 엄청나게 큰 인상을 주었고, 그 사실을 어떤 여인에게 말했더니 그녀는 "조지야, 이것은 틀림없이 하나님께서 너를 부르신 거야"라고 말했다.

휘트필드는 그날 밤의 꿈을 통해서 목사 지망생으로서 그의 비전을 확실히 했다. 그날 꿈 이후에 휘트필드는 이런 말을 남겼다.

나는 그 꿈 이후에 더 진지해졌다. … 어느 날 밤 나는 어머니의 심부름을 가면서 설명할 수 없지만 굉장히 강력한 인상이 내 마음속에 와 닿았는데, 그것은 빨리 설교해야겠다는 것이었다.

그날 이후 몇 개월이 지나서 휘트필드가 옥스퍼드 대학교 내 펨브룩 칼리지Pembroke College, Oxford에 입학했을 때 "하나님께서 나의 길을 준비하셨다"고 고백했다. 이는 휘트필드가 하나님의 주권을 인정하며, 삶 전체가 여호와의 손길 안에 있음을 고백하는 철저한 칼뱅주의자였음을 보여주는 대목이다.

~

죄와 회개가 혼합된 청소년기

~

휘트필드는 청소년기에 오늘날 보통 크리스천 청소년들이 겪는 죄 문제에 대한 갈등을 경험했다. 어린 시절 경험했던 죄 문제는 26살 때 출판된 《이야기Account》 속에 잘 묘사되어 있다. 그는 어렸을 때 종종 어머니의 돈을 훔치면서도 그것을 대수롭지 않게 여겼다. 거짓말, 욕설, 저주의 말, 어리석은 농담 등을 아무런 부담없이 하곤 했다. 안식일을 범하기 일쑤였고, 성전에서 불경한 행동을 자주 행했다. 때로는 어머니에게서 훔친 돈으로 종종 카드놀이로 내기를 하면서 시간을 보냈다. 연애소설을 읽는 데 시간을 보내기도 했다.

그런 모든 행위를 하면서도 신앙과 양심의 가책을 별로 느끼지 않았다. 자신이 겪었던 어린 시절의 죄악에 대해서 그는 이런 고백을 남겼다.

어린 시절의 범죄와 죄악들은 셀 수 없어서 그것들은 내 머리털보다 더 많았다.

마치 다윗의 고백처럼 "나는 죄악 가운데서 태어났고, 본질적으로 선한 것이 내 마음속에 없었다"고 할 정도였다. 누구보다도 하나님을 사랑하는 마음이 열렬했지만 동시에 죄의 쾌감을 떨쳐버리는 데 있어서는 냉정하지 못했다. 이는 휘트필드가 청소년기에 죄 문제와 싸우면서 한없는 갈등으로 번민했다는 것을 보여준다. 마치 바울처럼 속사람과 겉사람의 내면의 전쟁을 겪으면서 청소년기를 보냈던 것이다.

휘트필드의 전기 작가 글레드스톤James Paterson Gledstone의 지적대로 "그의 선한 마음은 늘 죄성과 투쟁했고, 양심은 죄들을 극복해내지 못했다. … 그는 청소년기에 하나님을 공경했지만 역시 죄를 사랑"하며 청소년기를 보냈다. 그런 식으로 죄 문제로 인한 갈등이 쉽게 그치지 않았다. 휘트필드가 청소년 시절에 겪었던 내면의 딜레마를 극복하기 위한 한 방편으로써, 죄의식을 느낀 후에는 반드시 그것들을 보상하거나 변상하는 것은 특이한 점이었다. 예를 들면, 어머니의 지갑에서 훔친 돈을 가난한 사람을 위해 썼다. 혹은 책을 훔쳤다가 나중에 4배로 갚기도 했다.

전기 작가 티어만L. Tyerman 역시 이 같은 휘트필드의 청소년 시절을 "죄와 회개의 혼합"이라고 평가한다. 그런 내면의 갈등을 극복하기 위해서 휘트필드는 수많은 날을 기도와 금식으로 보냈다. 죽음을 몇 달 앞두고 자신의 어린 시절을 회상하면서 다음과 같이 고백했다.

내가 16살 때 일주일에 두 번씩 36시간 동안 금식했고, 하루에도 수차례씩 기도했으며, 매 주일 성례에 참여했으며, 사순절 기간 동안에는 거의 죽음에 이를 정도로 금식하곤 했다. 그 기간 동안에 나는 하루에 일곱 번씩 했던 개인 기도 외에도 하루에 세 번씩 공예배에 참석했다.

휘트필드가 이처럼 결사적으로 기도와 금식에 매달렸

던 것은 그리스도 안에서 새로운 피조물로 태어나기 위한 몸부림이었다. 장차 한 세기를 말씀의 불도가니로 몰아넣을 목사 지망생 휘트필드는 이렇게 죄와 싸우면서 청소년기 시절을 보냈던 것이다. 그런 갈등은 옥스퍼드 대학교에 진학한 후에도 계속되었다.

굴욕적인 근로 장학생

휘트필드는 짧은 기간 동안 교회 부설 학교에 다니면서 많은 고전과 헬라어 성경, 그리고 라틴어까지 공부하였다. 하지만 가정 형편 때문에 계속해서 학업을 진행할 수 없어서 안타까워하고 있었다. 휘트필드 자신뿐만 아니라 그의 어머니 역시 여러 명의 조상이 다녔던 옥스퍼드 대학교를 동경하고 있었다. 그러던 중 극적으로 옥스퍼드 대학교 내 펨브룩 칼리지에 입학하게 되었다. 만 18살이 조금 안 되는 1732년 7월의 일이었다. 물론 입학 조건은 근로 장학생으로서 식비와 수업료를 면제받는 것이었다.

당시 근로 장학생이 하는 일은 서너 명의 부유층 자제들의 시중을 드는 일이었다. 야심에 찬 청년 휘트필드에게 그런 일은 쉽지 않은 일이었다. 또래인 부유층 자제들을 위해 아침 일찍 일어나서 잠 깨우기, 구두 닦기, 잔심부름하기,

방 청소 등의 일을 하는 것은 굴욕적인 일이었다. 더구나 학교 당국은 그렇게 천한 일을 하는 학생들에게는 붉은 조끼를 입게 했다. 그런 식으로 근로 장학생이라는 신분을 나타내도록 했으니 휘트필드로서는 무척 곤혹스러운 일이 아닐 수 없었다.

전기 작가 델리모어Arnold Dallimore에 의하면 "근로 장학생으로 일하는 학생이 그 굴욕을 참아내지 못하고 대학을 떠나는 것은 당연한 일이었다"고 할 정도였다. 근로 장학생의 굴욕은 수업 시간에도 종종 드러났다. 당시 대학 당국은 매 주일마다 있었던 철학 토론 시간에 근로 장학생들을 다른 학생들과 함께 참여하지 못하게 했다. 심지어 모든 학생이 성례에 참여할 때도 근로 장학생들은 따로 다른 시간에 참여해야 했다.

그럼에도 불구하고 휘트필드는 전에 여인숙에서 급사로 일했던 경험 때문인지 별 어려움 없이 그런 굴욕적인 생활을 잘 극복해나갔다. 더욱이 옥스퍼드 대학교는 자기 조상들이 공부했던 곳이고, 또 어머니와 본인이 그렇게 소원했던 곳이기 때문에 어떠한 상황이라도 감내할 만한 마음의 준비가 되어 있었다.

휘트필드가 힘겨운 대학 생활을 잘 극복할 수 있었던 또 다른 요인은 지도 교수였던 로크George Henry Rocke 박사의 영향이었다. 그는 휘트필드에게 끊임없는 격려를 아끼지 않았다. 마치 아버지와 같은 인자한 선생님이었다. 어릴 때 아버지의 사랑을 받지 못하고 자랐던 휘트필드는 그가 부어준 남다른 사랑을 통해서 친근한 부성애를 느꼈던 것 같다. 훗날 휘트필드는 로크 박사를 가리켜 "나의 친절한 지도 교수"라고 하면서 이렇게 말했다.

나의 지도 교수는 참으로 귀한 분이었다. … 그는 나에게 책들을 빌려주거나, 돈을 주기도 했고, 내가 아팠을 때 방문해서 의사를 불러주기도 했다. 요컨대, 그는 나에게 마치 아버지처럼 행동했다.

이 같은 지도 교수의 격려와 관심은 휘트필드에게 늘 학업에 대한 동기를 부여해주었다. 그 결과 휘트필드는 어려운 상황을 잘 극복하고 학업에 있어서도 유능한 학생으로 두각을 나타내게 되었다.

휘트필드의 개인적인 성품 또한 옥스퍼드 대학교의 굴욕적인 시절을 잘 견딜 수 있었던 요인이 되었다. 그는 학업뿐만 아니라 매사에 진지함, 근면, 열심으로 임했다. 비록 자신의 처지가 남과 같지 않더라도 조금도 굴하지 않고 성실하게 학생의 본분을 다했다. 특히 학교생활 중에서 어떤 형태로든지 시간이 낭비되는 것을 허락하지 않았다. 다른 학생들이 시간을 낭비하면서 학업을 등한시할 때도 그는 철저하게 시간을 관리하면서 근면하게 생활했다. 친구들이 학업 외에 다른 일로 시간을 보내는 것을 보고 안타까운 심정을 이렇게 기록해놓았다.

많은 젊은 학생이 사치스러운 생활로 자신의 본분을 잃어버리고, 그것으로 인해 학업에 충실하지 않는 학생들을 볼 때마다 내 영혼은 슬프다. … 나는 같은 방에 있던 친구들로부터 자기들과 같이 어울려서 방탕한 생활을 하자는 유혹을 늘 받았다. 하지만 하나님께서는 … 나에게 그러한 유혹을 물리칠 수 있도록 은혜를 주셨다. 한 번은 매우 추운 날 내가 그들과 함께 어울리지 않으려고 혼자서 방에 앉아 공부하다가 손발이 마비되어 밤새도록 거의 잠을 잘 수 없었던 적이 있었다.

2장

❧

한 시대를 움직인 위대한 기도

George Whitefield

홀리클럽에서 거듭남을 체험하다

당시 옥스퍼드의 사회적, 종교적 상황은 점점 퇴락의 길로 접어들고 있었다. 그러나 캠퍼스 내에는 하나님의 열심으로 가득 찬 소수의 사람이 있었다. 일명 옥스퍼드의 '홀리클럽The Holy Club' 회원들이었다. 홀리클럽은 웨슬리 형제를 비롯한 8~9명의 학생이 자기 훈련의 방편으로써 조기기상, 철저한 시간 관리, 금식, 경건 훈련 등에 주력하는 옥스퍼드 대학교의 클럽 모임이었다.

원래 이 모임은 1728년 옥스퍼드 대학생들이었던 로버트 커크햄, 윌리엄 모건, 찰스 웨슬리 등 3명이 만들었다. 존 웨슬리는 그 다음 해에 가담하여 대표직을 맡았다. 이 모임은 홀리클럽이라는 명칭 외에 '성경 벌레들', '성경쟁이들', '경건 클럽', '성례주의자들' 그리고 '계율주의자들' 등으로 불렸다.

그들은 매 주일마다 성례에 참여했고, 수요일과 금요일에는 금식했다. 옥스퍼드 근교에 있는 두 군데의 교도소를 정기적으로 방문하기도 했다. 회원들은 그런 선행들이 자신들의 구원에 영향을 끼친다고 믿고 있었다. 영적으로 퇴락의 길을 가고 있던 옥스퍼드의 분위기에서 하나님을 향한 열심이 가득한 홀리클럽 회원들은 휘트필드에게 선망의 대상이 되었다. 휘트필드가 그 클럽에 대해서 얼마나 큰 관심을 가졌는지 다음의 고백 속에 잘 나타난다.

열두 달 동안 내 영혼은 그들 중 몇 사람을 알기를 갈망하였고, 나는 그들의 좋은 모범을 따르기를 소망했다. … 마침내 하나님께서 나에게 문을 열어주셨다.

하지만 휘트필드는 그 모임에 들어갈 수 없었다. 근로 장학생으로서 다른 학생들과 신분이 달랐기 때문이었다. 그런데 1학년이 끝나갈 무렵 어느 날 찰스 웨슬리가 아침식사에 휘트필드를 초대함으로써 홀리클럽과의 접촉이 시작되었다. 그 후 휘트필드는 홀리클럽 회원들과 함께 활동하면서 많은 유익한 시간을 가졌다. 홀리클럽 회원들이 추구했던 것처럼 철저한 자기 훈련으로 경건 생활을 유지했다. 규율을 철저히 지키면서 한순간도 잊지 않도록 일분일초까지 아끼면서 경건을 훈련했다.

홀리클럽의 영향 가운데 어느 날 휘트필드는 자신의 비전과 내면의 세계까지 송두리째 바꾸어줄 만한 결정적인 변화를 체험했다. 어느 날 찰스 웨슬리가 헨리 스쿠걸이 쓴 《인간의 영혼 안에 있는 하나님의 생명》이란 책을 휘트필드에게 준 것이 그 계기가 되었다. 그 책은 휘트필드로 하여금 지금까지의 모든 생각을 허물고 새로운 세계로 들어가도록 안내해주었다. 그는 '참된 기독교'가 무엇인지 알기 위해서 전력투구하며 책을 읽었다. 그러다가 자신의 선행으로 구원을 얻을 수 있다는 지금까지의 신앙관을 깨뜨리고 거듭남의 필요성을 인식하게 되었다.

그때부터 휘트필드는 '하나님의 생명'을 추구하게 되었다. 그것을 위해서 수많은 날을 고민하며 기도하면서 몸부

립치기도 했다. 그러다가 마침내 1735년 부활절 이후 일곱 번째 맞는 주간에 로마서 8장 15~16절을 통해서 놀라운 은혜를 체험했다. 사탄의 꾐에 빠져서 늘 죄의식에 시달리던 휘트필드는 로마서 말씀을 통해서 믿음으로 "양자의 영"(롬 8:15)을 받았다. 그 후부터 휘트필드는 놀라운 영광과 말할 수 없는 기쁨으로 충만했고 새로운 피조물로서의 삶이 시작되었다. 그날 비추어주신 은혜의 빛을 통해서 휘트필드는 하나님의 자비와 은혜만이 구원의 길인 것을 깨달았다. 하나님께서 그의 영혼 속에 '하나님 생명'을 주셨던 것이다. 휘트필드는 그 당시의 체험을 이렇게 간증했다.

어느 날 나는 "내가 목마르다, 내가 목마르다"라고 하면서 침대에 몸을 던졌다. 잠시 후에 곧바로 나는 나를 매우 심하게 억압하고 있는 속박에서 해방되었다는 것을 느꼈다. … 그 후 내 기쁨은 점점 나의 영혼에 자리 잡게 되었고 … 따라서 나의 탄식하던 날이 종결되었다.

나중에 휘트필드는 하나님이 은혜를 주셨던 그날을 회고하면서 "그 기쁨은 마치 강둑을 범람하는 홍수와 같아서 말로 형언할 수 없었으며, 그날은 영원히 기억될 날이었다"라고 고백했다. 세상을 떠나기 얼마 전까지도 그 사건을 회상했다.

나는 그곳을 안다! 아마도 미신적일지 모르지만 내가 옥스퍼드에 갈 때마다 그리스도께서 당신을 계시하시고, 나를 새로 태어나게 하셨던 그곳으로 뛰어가지 않을 수 없었다.

이제 휘트필드는 자신 안에 거하시는 '하나님의 생명'으로 인해 그의 삶이 바뀌어졌다. 이로써 휘트필드는 "설교자의 정상"을 향하여 한걸음 더 가까이 나가게 되었다. 하지만 하나님께서는 그를 한 시대의 위대한 설교자로 준비시키기 위해 다시 바울의 아라비아 광야와 같은 글로스터행을 예비하셨다.

~

피땀 흘린 수천 번의 기도

~

휘트필드는 몇 달 동안 죽음을 각오하고 몸부림치면서 자신과 싸웠다. 그러다가 이제는 쇠약한 몸을 가눌 수 없을 정도가 되었다. 결국 돈 한 푼 없는 빈털터리 신세로 허약해진 몸을 이끌고 글로스터로 돌아가게 되었다. 휘트필드는 글로스터의 시장이며 서점을 경영하고 있었던 가브리엘 해리스의 집에서 머물렀다. 글로스터에 9개월간 머무르면서 건강 회복과 동시에 성경을 연구하고 독서하는 일에 주력했다.

몸은 비록 연약해졌지만 마음과 영혼은 날마다 생기로 가득했다. 그 무렵 성경을 읽으면서 누렸던 영적인 기쁨을 이렇게 표현했다.

이제 더욱 개방되고 넓어진 마음으로 나는 다른 책은 제

쳐두고 가능한 한 성경 본문의 모든 단어와 구절에 대해 기도하면서 무릎을 꿇고 읽어가기 시작했다. 실로 그것은 내 영혼의 음료요, 양식이었다. 나는 매일 위로부터 나오는 신선한 생명과 빛과 능력을 공급받았다. 나는 한 달 동안 하나님의 책을 읽음으로써 내가 일찍이 모든 사람의 책에서 얻을 수 있었던 것보다 더 많은 참된 지식을 얻을 수 있었다.

그는 기도를 통해서도 동일한 기쁨을 누렸다. 그의 말을 들어보자.

오! 나는 글로스터에 다시 온 이후에 매일 기도할 때마다 하나님과 얼마나 달콤한 교제를 누렸는지 모른다. 들판에서 달콤하게 묵상에 잠길 때 내 자신을 잊어버린 때가 얼마나 많았던가. 그리스도께서 내 안에 계시고 내가 그분 안에 있다는 것을 얼마나 확실하게 느꼈는가!

이 기간 동안 그의 생활을 알려주는 일기는 무서울 정도로 철저하게 자신을 관리해나갔다는 것을 보여준다. 구체적인 예로, 그의 일기에는 매일 밤 하루 동안 자신의 행동을 스스로 판단하는 근거로써 점검한 목록이 있다.

1. 개인 기도 시간에 뜨겁게 기도했는가?

2. 정해진 기도의 시간을 지켰는가?

3. 모든 시간을 아꼈는가?

4. 모든 대화나 행동을 하며 하나님의 영광을 추구했는가?

5. 어떤 기쁨 후에 즉시 감사했는가?

6. 하루의 일을 계획 가운데 진행했는가?

7. 모든 면에서 검소하고 침착했는가?

8. 무슨 일을 행할 때 열심히 혹은 힘 있게 했는가?

9. 말하고 행동하는 모든 면에서 온화하고 상냥하며 친절했는가?

10. 거만하거나, 허영을 일삼거나, 난잡하거나, 다른 사람

을 시기하지 않았는가?

11. 먹고 마시는 데 점잖았는가? 그리고 감사했는가? 잠
　　 자는 일을 절제했는가?

12. 로의 법칙대로 감사하는 시간을 가졌는가?

13. 연구하는 데 최선을 다했는가?

14. 어떤 사람에게 불친절하게 말하지 않았는가?

　휘트필드는 이러한 항목들을 염두에 두고 매일 두 부분
으로 나눠서 일기를 썼다. 한 페이지에는 그날의 매 시간
마다 특별한 활동들을 기록하면서 위의 각 항목을 근거로
장점과 단점을 표함으로 자신을 점검했다. 다음 페이지에
는 그날에 있었던 일상적인 일들을 기록했다. 그러고 나서
자신의 내적인 상태나 자기 반성을 빠짐없이 기록했다.

　그는 '말씀과 기도'에 전무하면서도 건강이 어느 정도
회복되자 독서하는 일에도 관심을 가졌다. 그래서 몇 년 전
부터 읽고 싶었지만 돈이 없어서 살 수 없었던 로의《경건
한 삶으로의 진지한 부르심Serious Call to Devout Life》을 읽

었다. 백스터의 《회개했는가》, 알레인Allein의 《회개하지 않는 죄인들에 대한 경고Alarm to Unconverted Sinners》, 제인웨이Janeway의 《생명Life》, 그리고 버키트Burkitt의 성경 주석, 그 밖에 고전들과 청교도 서적들을 집중적으로 읽었다.

특히 그는 매튜 헨리 주석Matthew Henry's Commentary을 무척 갖고 싶어 했다. 하지만 자신에게는 거금인 7파운드짜리(당시 노동자가 15~16주 동안 일해서 벌 수 있는 돈) 주석집을 살 수 없었다. 휘트필드는 그 소망을 포기할 수 없어서 그 주석집을 가브리엘 해리스에게 외상으로 구입했다(1년 후에 그 외상값 7파운드를 해리스에게 보냈다). 그 주석집을 구입한 후 "여러 달 동안 그 책들(버키트와 매튜 헨리 주석)을 연구하면서 거의 항상 무릎을 꿇고 기도해왔다"고 할 정도로 매튜 헨리 주석을 아꼈다. 그 후부터 매튜 헨리 주석은 평생 휘트필드의 동반자가 되었다.

이처럼 글로스터에서의 생활은 장차 휘트필드의 본격적인 목회 사역을 위한 구체적인 준비 기간이 되었다. 그곳에서 9개월 동안 머무르면서 휘트필드는 말씀을 구체적이

고도 집중적으로 연구하기 시작했다. 또한 정기적인 기도 생활을 통해서 표현할 수 없는 영적인 풍성함도 체험했다. 그 무렵 그리스도 안에서 새로운 피조물로서 영적 생활의 극치를 맛보고 있던 휘트필드는 불타오르는 복음의 열정을 억제할 수 없음을 느끼게 되었다.

마침내 휘트필드는 불 같은 열정을 갖고 글로스터에서 처음으로 하늘의 불꽃을 지피기 시작했다. 건강이 어느 정도 회복되자 곧 주변 사람들에게 복음을 증거하기 시작한 것이다. 그의 사역은 생각 외로 좋은 반응을 얻어, 차츰 사람들이 모여들기 시작했다. 그 즈음에 사람들은 휘트필드의 열심과 뜨거운 복음의 열정을 보고 그가 목회의 길을 갈 것을 희망하면서 목사 안수를 받도록 권면했다.

휘트필드는 이미 목사가 되기를 소원하고 있었다. 그러나 막상 주변 사람들로부터 목사 안수에 대한 강력한 요청을 듣고 나니 안수에 대한 두려움이 들었다. 그래서 당시의 심정을 이렇게 표현했다.

내가 목회의 길에 들어서는 것과 설교를 한다는 것에 대해서 얼마나 깊은 염려를 해왔는지 하나님만이 아신다. 나는 하나님께서 나를 부르시어 당신의 사역을 하도록 나를 밀어넣을 때까지 내가 교회에서 사역하지 못하게 해달라고 땀을 비 오듯이 흘리며 수천 번을 기도했다.

그는 목회자로서 자신의 소명을 확인할 때까지 수천 번을 기도하면서 하나님의 뜻을 찾았다. 피땀 흘린 수천 번의 기도! 아마도 그것이 없었다면 휘트필드는 글로스터 주변의 한 교구 목사는 되었을지 몰라도 한 시대를 움직인 위대한 설교자는 될 수 없었을 것이다.

헌신의 결단과 성직 안수

휘트필드에게 목사 안수에 대한 갈등이 계속되었다. 그러던 중 하나님께서 자신을 목사로 세우고자 하신 뜻이 분명하다는 확신을 갖게 되었다. 옥스퍼드로 돌아가기 위한 모든 재정이 충당되었기 때문이었다. 마침내 휘트필드는 9개월 만인 1736년 3월에 다시 옥스퍼드로 돌아왔다. 휘트필드가 옥스퍼드로 돌아왔을 때 홀리클럽에는 상당한 변화가 있었다.

홀리클럽의 리더였던 존 웨슬리를 비롯해서 찰스 웨슬리와 잉햄Benjamin Ingham 등이 선교사로서 조지아Georgia로 떠난 상태였다. 상당수의 회원들 역시 클럽을 떠나 영국 전역에 흩어져 이미 사역을 하거나 준비하고 있었다. 그런 이유 때문에 홀리클럽의 활동은 점점 쇠퇴해가고 있었다. 그러나 휘트필드가 옥스퍼드로 돌아온 후에는 그의 리더

십 아래 새로운 활력을 되찾게 되었다.

휘트필드는 클럽을 주도하면서도 학위B.A 과정의 마지막 학과 시험에 통과하기 위해 학업에 최선을 다했다. 그 결과 성직 안수를 위한 최후의 관문을 성공적으로 통과했다(영국 교회의 성직 제도는 대학 과정의 신학 수업을 마치면 일단 집사로 안수를 받게 된다. 그때부터는 공적으로 설교할 수 있는 자격을 부여받으며, 1년 후에는 목사로 안수를 받는다).

성직을 위한 과정을 통과했으나 휘트필드는 목회 사역에 본격적으로 뛰어드는 것을 주저했다. 그것은 자신이 느끼고 있었던 성직에 대한 두려움 때문이었다. 그런 두려움으로 성직에 대한 확신을 갖지 못하고 있을 때 하나님께서 그에게 헌신의 결단을 할 수 있도록 힘을 주셨다. 당시의 심정을 일기에서 이렇게 기록하고 있다.

1736년 5월 16일

사실 나에게 성직은 어려운 일이다. 하지만 하나님께서는 모든 것을 충족시키시는 분임으로 나는 겸손하게 그분의 전능하신 보호에 내 자신을 맡긴다. 나는 하나님께서 합당하다고 생각하시는 일에 쓰임받기 위해 나의 영혼과 몸을 그분께 맡긴다. 그래서 나는 그분의 도움을 힘입어 … 어느 때보다도 엄격한 삶으로 내 자신을 성경 연구와 기도에 바치기로 결단한다. … 그분의 복되신 뜻이라면 나에게 건강도 주실 것이다! 나는 내 자신을 전적으로 그분께 드린다.

이와 같이 하나님의 거룩한 사역을 위해서 자신을 헌신하기로 결단한 후에도 휘트필드는 자신의 소명을 확인하기 위해서 며칠 동안 계속해서 기도했다. 그러던 중에 하나님께서 그분의 사역을 위해서 자신을 부르셨다는 것을 확실하게 응답받았다(1736년 5월 29일 일기). 그는 "만약 더 이상 지체한다면 하나님을 거역하는 것이라고 생각"하면서 하나님 앞에서 헌신을 결단했다.

성직 수행에 관한 모든 갈등이 종결되고 이제는 성직 안수를 위한 휘트필드 자신의 준비만 남게 되었다. 그날부터는 하나님께서 자신을 신실하게 사용해달라고 기도하기 시작했다. 매달 16일은 자신의 죄를 위해 은밀히 금식하는 날로 정하여 기도했다. 뿐만 아니라 바울의 디모데 서신을 구체적으로 연구하면서 사역자가 되기 위한 모든 요건으로 자신을 엄격하게 시험하기도 했다. 그 후 펨브룩 대학의 학위 과정을 모두 마치고 안수를 받기 위해서 다시 글로스터로 돌아갔다.

그는 재정적 어려움 가운데서도 모든 대학 과정을 마쳤다는 기쁨과 함께 성직의 결단으로 인한 감격을 안고 옥스퍼드를 떠났다. 그의 일기에서 그러한 감격 가운데 가졌던 주님을 위한 헌신의 결단을 다음과 같이 고백했다.

1736년 5월 31일

나는 이제 성직과 학위를 얻을 것이고, 세상으로 나갈 것이다. 하지만 내가 어떠한 사람이 될 것인지 나는 알지 못한다. 다만 내가 말할 수 있는 것은 이생에서는 영원한 갈등과 고난이 그치지 않는다는 것이며 이 땅에 있는 동안

십자가 외에 어떠한 것도 소망을 주지 않는다는 것이다. … 나는 더 이상 나의 것이 아니고, 그분의 것이다. 나는 내 몸과 마음과 피와 모든 것을 그분을 위해서 포기한다! 나는 어린아이에 불과하다! 나는 주님께서 가라고 하는 곳은 어디든지 그분을 따라가기를 소원한다.

글로스터에 도착한 휘트필드는 얼마 후에 있을 안수를 위해서 더욱 구체적인 말씀과 기도로 준비했다. 휘트필드에게 안수를 위한 면접시험과 안수를 집례 할 사람은 벤슨 주교Bishop Benson였다. 그는 영국 교회의 영향력 있는 성직자로서 훌륭한 인품을 소유한 사람이었다. 그러나 당시 21살이던 휘트필드는, 23살 이상이 되어야 안수를 받게 되어 있는 영국 교회 규율 때문에 안수를 받을 수 없었다. 하지만 아량과 덕성을 겸비한 벤슨 주교는 휘트필드의 성경 연구에 대한 열정, 신실한 기도 생활, 금식, 홀리클럽의 정기적인 교도소 방문 그리고 그의 인격 등에 대해서 이미 소문으로 들어 알고 있었다. 그래서 모든 관례를 깨고 안수를 허락했다.

1736년 6월 20일 주일 아침으로 휘트필드의 안수가 예정되었다. 휘트필드는 최종적인 준비로써 전날인 토요일은 온종일 금식하며 기도했다. 저녁에는 글로스터 시내 근처의 언덕으로 가서 두 시간 동안 간절히 기도했다. 드디어 예정된 주일 아침이 되었다. 휘트필드는 아침 일찍 일어나서 디모데 서신을 묵상하면서 기도로 준비했다. 의식이 시작되고 그는 "하나님 앞에 서 있던 어린 사무엘을 생각"하면서 단으로 나아가 성직을 위한 첫 단계인 집사 안수를 받았다.

3장

세계로 뻗어가는 부흥의 불씨

George Whitefield

부흥의 불씨를 지핀 소년 목사

성직 안수를 받은 후 휘트필드의 첫 설교는 1736년 6월 27
일 주일에 있었다. 어렸을 때 세례를 받고 종종 성례에 참
여했던 세인트 메리 드 크립트St Mary de Crypt 교회에서 감
격적인 첫 설교를 하게 된 것이다. 그날 교회에는 휘트필드
의 어머니와 형제들, 전前 시장이었던 해리스와 그의 가족
들, 출판업자인 레이크스, 학교 교장인 본드 목사, 휘트필
드의 옛 친구들, 그리고 한때 그곳에서 휘트필드가 주도했
던 홀리클럽의 회원들을 비롯해서 약 300여 명의 교인이
모였다.

휘트필드가 강단에 섰을 때 겉모습은 아직 어렸지만, 영
적인 힘이 넘쳤다. 내적인 거룩함도 흘러나왔다. 그는 첫
설교를 주변에 있는 목사들에게 원고를 보내서 조언을 들
을 정도로 철저하게 준비했다. 그와 같이 철저한 준비에도

불구하고 설교를 시작할 때는 바짝 긴장했다. 하지만 곧바로 분명하고 능력 있는 말씀이 강단에서 흘러나오면서 긴장은 순식간에 사라져버렸다.

그날 설교는 전도서 4장 9~12절을 본문으로 "공동체의 본질과 필요성"에 대한 말씀이었다. 설교의 핵심은 크리스천의 삶 가운데서 상호 협력과, 중생과 거룩한 삶의 필요성에 대한 것이었다. 대부분의 사람이 깊게 감명을 받았다. 또 어떤 사람들은 너무 강렬하게 은혜를 받아 열광하기도 했다.

휘트필드의 첫 설교가 끝나자 글로스터 사람들은 여기저기서 아낌없는 찬사를 보냈다. 놀랍게도 사람들의 찬사가 급증하게 되자 휘트필드는 옥스퍼드로 떠날 것을 결심했다. 그리고 첫 설교가 끝난 지 사흘째 되던 날 옥스퍼드행 말horse-back을 탔다. 그것은 점점 더 상승해가는 자신의 인기를 방관하지 않으려는 겸손함 때문이었다. 또 한편으로는 장래의 사역을 위해 석사M.A 과정을 공부하고 싶은 마음이 강하게 일어났기 때문이었다. 그는 "먼저 성도가 되고, 그러고 나서 옥스퍼드의 학자가 되기로" 결심하면서 옥스퍼드로 되돌아갔다.

옥스퍼드에 도착한 휘트필드는 졸업 논문을 씀과 동시에 석사 과정을 위해 공부하는 데 주력했다. 그는 옥스퍼드에서 계속되는 연구 생활과 홀리클럽을 주도하는 일로 매우 만족스러운 하루하루를 보냈다. 하지만 연구에 몰두하고자 하는 휘트필드의 포부는 몇 주 지나지 않아서 곧 중단되고 말았다. 런던 탑 교회Chapel of the Tower of London에서 목회하고 있던 그의 친구 토머스 브로턴이 그곳에 와서 설교해달라고 요청했기 때문이었다.

휘트필드는 설교 요청을 받고 자신은 런던에서 설교할 자격이 없다고 생각했다. 그러면서도 그 문제에 대해 갈등했다. 나중에 그 시절을 상기하면서 휘트필드는 이렇게 회고했다.

나는 주님께 이렇게 기도했다. 주님! 저는 갈 수 없습니다. … 제가 2~3년 동안 옥스퍼드에 있으면서 150편의 설교를 준비하도록 해주십시오! 저는 할 수 없습니다. 저는 당신의 위대한 이름을 선포하기에 적합하지 않습니다. 주님! 저를 보내지 마옵소서! 다시 한 번 기도하건데, 아직 보내지 마옵소서!

설교 요청을 받은 휘트필드는 그런 번민 가운데서 마침내 하나님께서 자신을 런던으로 보내신다는 것을 확신하면서 그곳으로 떠났다. 런던에 도착해서 주일 아침에 가운을 입고 교회로 들어가는데 여기저기에서 사람들이 수군거렸다. "소년 목사 좀 봐!"라는 소리도 들렸다. 그때 많은 사람이 가게에서 뛰쳐나와 신기한 듯이 쳐다보았다. 휘트필드는 무척 자존심이 상했다. 그러나 꾹 참고 마음속으로 "누구든지 네 연소함을 업신여기지 못하게 하고"(딤전 4:12)라는 바울의 권면을 기억하면서 당당하게 교회 안으로 들어갔다.

휘트필드가 설교를 시작하기 전만 해도 군중은 강단에 선 '소년 목사'를 얕보는 듯했다. 하지만 그가 설교를 하기 위해 강단에 섰을 때 그러한 분위기는 곧 사라져버렸다. 비록 '소년 목사'일지라도 그의 영적인 권세가 모든 군중을 압도함으로써 곧 분위기는 진지해졌다. 설교가 끝나고 휘트필드가 강단에서 내려왔을 때 모든 사람이 그에게 큰 경의를 표하며, 그를 축복했다.

휘트필드가 런던에 있는 동안 각처의 기독교 공동체에 속한 많은 젊은이와 몇몇의 귀족들이 그의 설교와 가르침에 관심을 갖고 찾아왔다. 그때 휘트필드는 '신생the new birth'에 관하여 집중적으로 그들에게 강론하였다. 계속해서 설교와 담화의 시간을 가지면서 그곳에서 머물렀다. 그리고 두 달 후 그 교회를 사역하는 친구 토머스 브로턴이 교회로 돌아와서 휘트필드는 사역의 기쁨을 안고 다시 옥스퍼드로 되돌아갔다

런던에서 두 달 동안 설교할 때마다 '소년 목사' 휘트필드는 성령의 능력으로 부흥의 불씨를 지폈다. 그는 말씀의 권세로 순식간에 모든 군중을 사로잡았다. 그렇게 하여 휘트필드가 지핀 복음의 불꽃은 반세기가 못되어 온 영국에

활활 타올랐고 그 불길이 미국까지 이르렀으니 그는 과연 하나님이 쓰시는 설교자였다.

그는 보통 한 주간에 40~60시간씩, 어떤 때는 하루에 일곱 번씩 수천, 수만 명 앞에서 청중을 사로잡는 설교로 인기를 쌓아갔다. 34년 동안 영국 전역과 스코틀랜드와 웨일즈 지방, 그리고 미국에서 최고의 인파 8만 명이 모였던 집회를 인도하는 등 도합 18,000회의 대중 집회를 이끌었다. 실로 그의 설교 사역은 상상을 초월했다.

~

영국을 놀라게 한 능력 있는 설교

~

런던 탑 교회의 설교 사역을 마치고 옥스퍼드로 돌아온 휘트필드는 다시 연구 생활에 몰두하면서 큰 기쁨을 누리기 시작했다. 휘트필드는 철저하게 시간을 관리해나갔다. 그는 일과를 "식사와 잠을 위해서 8시간, 기도 시간, 고아원, 교도소 방문, 교리 공부 등으로 8시간, 연구와 묵상을 위해서 8시간"으로 3등분해서 보냄으로써 시간을 1분도 헛되이 낭비하지 않으려고 했다. 이렇게 꽉 짜인 시간을 보내면서도 그는 영적으로 놀라운 기쁨을 누렸다.

옥스퍼드의 연구 생활과 영적 생활을 통해 얻었던 기쁨은 오래가지 못했다. 6주 쯤 지났을 때 더머Dummer의 교구 목사로 있던 홀리클럽 출신의 찰스 킨친이 얼마 동안 그곳에 와서 설교해달라고 부탁했기 때문이다. 휘트필드는 곧바로 그 설교 요청을 수락하고 더머로 갔다. 그곳은 주로 무식하고 가난한 사람들이 모인 곳으로, 런던과는 전혀 다른 분위기였다. 하지만 휘트필드는 그곳 사람들로부터 더욱 많은 것을 배울 수 있었다. 특히 휘트필드는 그곳에 머무는 동안 장차 자신의 생애에 크게 영향을 끼칠 만한 중요한 한 가지 결정을 하게 되었다. 그것은 조지아Georgia에 선교사로 가는 것이다.

당시 조지아에는 홀리클럽 회원이었던 웨슬리 형제와 잉햄이 선교사로 가 있었다. 그들은 해외 선교사의 고난이 자신들의 구원을 이루는 데 도움이 될 줄로 생각하여 자진해서 그곳으로 갔다. 그러나 찰스 웨슬리는 7개월이 채 되기도 전에 죽음에 가까운 심한 시련과 고통을 당하게 되어 영국으로 되돌아오고 말았다. 그런 상황에서 존 웨슬리가 홀리클럽 회원들에게 원조의 편지를 보냈다. 휘트필드는 이미 런던 탑 교회에서 사역할 때 그 편지를 받았었다.

얼마 후에 잉햄 역시 식민지 생활을 견딜 수 없어서 귀국하자 존 웨슬리는 두 번째 원조의 편지를 휘트필드에게 보냈다. 더머에서 그 편지를 받은 휘트필드는 "그것을 읽을 때 내 가슴이 뛰었고, 말하자면, 소명이 메아리쳐 울렸다"고 말했다. 그는 이 편지를 받은 지 두 달 만에 두 번째 편지를 받았다. 편지를 읽고 난 후 휘트필드는 존 웨슬리의 요구를 신중하게 고려했다. 그리고 여러 친구에게도 의견을 물으면서 "하나님의 섭리가 어디에 있는지" 기다렸다.

휘트필드는 이처럼 조지아행에 대한 최종적인 결정을 신중히 고려하면서 선교사로의 결단에 대해서 긍정적으로 생각했다. 그러다가 마침내 그는 선교적 결단으로 조지아에 갈 것을 결심했다. 휘트필드는 지체 없이 조지아로 떠나려고 마음먹고 준비했다. 하지만 보이지 않는 장애물이 그의 출발을 저지했다. 조지아행의 책임자였던 오그레토프Oglethorpe 대령이 출발 준비가 되지 않아서 배가 출항할 수 없었던 것이다. 결국 그는 1737년 거의 한 해 동안 출항을 준비하면서 보내게 되었다.

하지만 그것은 휘트필드가 말씀의 불씨를 던져 영국 교회에 새 바람을 일으킬 수 있었던 기회가 되었다. 그 기간 동안에도 쉴 틈 없이 계속해서 성령에 사로잡힌 능력 있는 설교로 영국 전역을 떠들썩하게 했기 때문이었다. 그러한 의미에서 그해는 휘트필드의 생애에서 가장 중요한 해였다. 그 당시 휘트필드 설교를 듣기 위해서 모인 청중의 수나 그의 불 같은 설교 그리고 청중의 반응 등은 영국 교회에서 전에는 볼 수 없었던 새로운 현상들이었다.

휘트필드가 설교할 때마다 사람들은 그의 탁월한 웅변력과 제스처, 풍부한 성량, 극적인 표현력 등에 매료되었다. 따라서 그가 가는 곳마다 엄청난 수의 인파가 몰려들어서 들어갈 자리가 없었다. 심지어 되돌아가는 사람들도 많았다. 휘트필드의 설교 사역이 이제 막 시작되는 초기 단계일지라도 모든 사람의 눈은 그에게 집중되었다. 그의 명성은 날이 갈수록 브리스틀, 런던, 글로스터, 그 외의 여러 곳에 급속하게 빠른 속도로 퍼져나갔다.

휘트필드는 조지아로 떠나기에 앞서 작별 인사를 하기 위하여 브리스틀에 갔다. 그곳에 도착하자마자 집회가 열려 수많은 사람이 모여들기 시작했다. 브리스틀에서 4주 사역을 마치고 런던에 돌아왔지만 집회가 그치지 않았다.

수개월 동안 하나님의 말씀을 듣기 위해서 모여든 사람들의 행렬은 끝이 없었다. 군중이 운집해있는 광경이 경이로울 뿐이었다. 보통 일주일에 아홉 번씩 설교할 정도였다. 이제 휘트필드는 더 이상 평범한 설교자가 아니었다. 그는 공적으로 설교를 시작한 지 1년이 안 된 짧은 기간에 영국 교회가 지금까지 한 번도 보지 못했던 비범한 설교자로 인정받은 셈이었다.

휘트필드의 인기는 순식간에 절정에 올랐다. 인기가 절정에 오르자 그를 시기하는 무리들이 생기기 시작했다. 특히 성직자 그룹에서 반발이 심했다. 몇 명의 목사는 "휘트필드를 더 이상 강단에 세워서는 안 되겠다"고 말하기도 했다. 그들이 내세운 명분은 휘트필드가 설교한 '영적 신생'이나 '믿음에 의한 의' 등의 주제는 영국 교회의 교리적 내용과 맞지 않다는 것이었다. 하지만 그들이 반발한 실제적인 이유는 이제 설교 및 사역 훈련을 받아야 할 풋내기 사역자에게 쏟아진 인기에 대한 시기와 노련한 목회자들의 꺾인 자존심 때문이었다.

조지아로 번진 말씀의 불꽃

런던에서의 설교 사역은 12월 말 조지아로 출항하기까지 4개월 동안 지속되었다. 그리고 나서 휘트필드는 마침내 1737년 12월 30일 미국의 조지아행 휘태커Whitaker 호를 타고 그를 환송하러 나온 수많은 사람과 작별의 아쉬움을 나누었다. 휘트필드를 태운 휘태커 호는 런던을 떠나 딜Deal 항에 정박하고 있다가 다음 해 2월 2일 조지아로 출항했다. 이미 복음의 불씨를 떨어뜨려 영국 곳곳을 말씀으로 불태운 휘트필드는 선상에까지 그 불길을 전하고 싶었다. 그는 의자 위에 두꺼운 판자를 깔고 강대상을 만들어서 매일 배 안에 있는 100여 명 이상이나 되는 사람들을 향하여 설교했다.

한번은 배 안에 있는 모든 사람이 유행성 열병으로 인하여 커다란 위험에 처하게 되었다. 그때 휘트필드는 밤낮으로 환자들을 돌보다가 자신 역시 열병으로 눕게 되었다. 영혼을 사랑하는 뜨거운 열정으로 자신을 돌볼 겨를이 없었던 것이다. 그 열병이 휘트필드를 죽음으로 몰아가는 듯했으나 하나님께서 자비를 베푸셔서 회복시켜주셨다.

휘태커 호는 영국을 떠난 지 4개월 만에 조지아 항에 닻을 내렸다. 식민 대륙에 상륙한 휘트필드는 다음 날 아침 5시에 50여 명의 사람들과 함께 첫 예배를 드렸다. 사역의 첫 시간을 예배로 시작한 것은 장래의 모든 사역을 하나님께 맡긴다는 신앙적 결단이었다. 식민 대륙의 사무관인 윌리엄 스티븐스William Stephens는 당시 휘트필드의 사역에 대해 다음과 같이 기록하고 있다.

5월 21일, 휘트필드 씨는 이날 교회에서 예배를 인도했고, 그는 일찍이 그곳에서 볼 수 없었던 가장 많은 군중 앞에게 설교하였다. 5월 28일, 휘트필드 씨는 그의 사역을 통하여 놀라운 능력을 발휘했다. 6월 4일, 휘트필드 씨의 청중의 수가 매일 불어난다. 그의 교리를 들으러 오는 사람들을 수용하기에는 예배 장소가 너무 좁다. 6월 18일, 휘트필드 씨는 사람의 마음을 사로잡는 강론으로 사람들을 계속 감동시켰다. … 7월 2일, 휘트필드 씨는 수고와 따뜻한 배려로 직분을 이행하며 사람들에게 점점 더 많은 사랑을 받고 있다.

이처럼 휘트필드가 지핀 복음의 불길은 날이 갈수록 번져나가면서 뜨겁게 타올랐다. 조지아에 붙은 말씀의 불꽃은 머지않아 미국에 비춰질 복음의 신호탄이었다. 하지만 조지아에서의 사역은 그렇게 길지 않았다. 그 이유는 오갈 데 없는 그곳의 고아들을 돌보기 위해서 영국에 돌아가 고아원을 세울 수 있는 설립 허가서와 기금을 마련해 오기로 작정했기 때문이다. 영혼을 사랑하는 뜨거운 가슴을 소유한 휘트필드는 죽어가는 어린 영혼들을 그대로 방치해둘 수 없었던 것이다. 그러한 계획 때문에 휘트필드는 조지아에서의 사역을 5개월 만에 마치고 다시 영국행 배를 탔다.

~

야외로 퍼져나간 복음의 불길

~

영국에 도착한 지 일주일 후인 1738년 12월 8일 휘트필드는 런던에 다시 돌아왔다. 휘트필드가 런던에 왔다는 소식은 그의 친구들에게 큰 기쁨과 기대를 안겨주었다. 따라서 옥스퍼드에 있던 웨슬리 형제와 다른 4명의 홀리클럽 회원은 휘트필드를 만나러 런던으로 달려왔다. 이미 그들의 가슴은 복음의 불로 뜨거워져 있었다. 그들의 불타는 열심은 나중에 휘트필드와 함께 "때때로 기도로 밤을 꼬박 새울"정도로 꺼질 줄 몰랐다.

휘트필드는 긴 항해로 누적된 피로가 풀리기도 전에 여러 곳에서 설교를 요청받았다. 그의 일지Journal 내용을 보면 당시 설교 사역이 어느 정도였는지 짐작할 수 있다.

12월 24일, 저녁에 두 번 설교하고 크룩트 레인회Crooked

Lane Society로 갔다. … 그리고 크리스마스 이브여서 새벽 4시까지 기도와 시편 읽기와 감사가 계속되었다. 12월 25일, 오늘 아침 4시경에 레드크로스 거리Redcross Street에 있는 200~300명이 모여 있는 다른 공동체로 가서 기도하고 강론했다. … 12월 30일, 이번 주에는 아홉 번 설교했고 열여덟 번쯤 강론했다. 나는 아침부터 저녁까지 빽빽이 짜인 시간을 보냈다. 모임에 찾아오는 사람들은 끝이 없었다. 그들은 갓난아이처럼 신실한 말씀의 젖을 먹기 위하여 더욱 사모하였다. 12월 31일. 오후 스피탈필드Spitalfield에서 거대한 군중들에게 두 번 설교했다. 나는 강단에 올라가기 전에 목이 쉬어서 자신감을 잃었으나 하나님께서는 모든 사람이 들을 수 있도록 나를 강하게 해주셨다.

휘트필드는 1월 초 영국 교회의 목사가 되기 위한 2단계 사제 안수 의식에 참여하기 위해 옥스퍼드로 갔다. 휘트필드가 비록 1단계 안수 때 집사로 임직되었다 할지라도 이미 그는 '소년 목사'의 칭호를 얻은 자로서 사제 안수를 받은 어떤 사람보다 놀라운 사역을 감당하고 있었다. 그럼에도 불구하고 휘트필드는 영국 교회의 정한 법에 따라 안수식에 참여함으로써 본격적인 목회자의 길에 들어섰다.

휘트필드에게 안수를 준 사람은 집사 안수 때 의식을 집례했던 벤슨 주교였다. 그는 안수하면서 휘트필드를 위해서 다음과 같이 축복했다.

하나님께서 이 종을 붙드시사 타락한 시대의 참된 기독교의 부흥과 인류의 선을 위해서 행하는 모든 일에 위대한 성공을 주시옵소서!

사제로 안수를 받고 새로운 사역에 뛰어들고자 하는 꿈에 부풀어 있던 휘트필드는 자신의 위치가 조지아를 떠나기 전과 같지 않다는 것을 곧 알아차렸다. 영국 교회의 많은 성직자가 휘트필드를 달갑지 않게 여기며, 그를 열광주의자나 광신주의자로 몰아붙였기 때문이다.

그러한 반감은 성직자 그룹뿐만 아니라 평신도 지도자도 마찬가지였다. 그들은 심지어 "질서의 파괴"라고 부르짖으며 분개할 정도였다. 그러한 이유 때문에 전에 자신을 초청했던 여러 교회가 차츰 자신에게서 멀어지고 있다는 것을 휘트필드는 쉽게 감지할 수 있었다. 이러한 분위기를 알아차린 휘트필드는 그의 사역의 방향을 바꾸기로 마음먹었다. 얼마 전부터 휘트필드는 야외 설교를 구상하면서 기도하고 있었기 때문에 이제야말로 야외 설교를 시작해야 할 때라고 생각하게 되었다.

그렇게 하여 최초의 야외 설교는 1739년 2월 브리스틀의 킹스우드Kingswood에서 시작되었다. 그곳은 브리스틀의 외곽에 있는 넓은 석탄 채굴 지역으로 수백 명의 광산 노동자가 힘겨운 노동에 시달리고 있었다. 그곳에 거주하는 사람들은 학교나 교회가 없어서 배움의 기회나 신앙을 접할 수 있는 기회가 없었다. 심지어는 브리스틀로 몰려가서 폭력을 일삼기도 하였다. 휘트필드는 브리스틀에 도착한 후 그의 동력자 슈어드William Seward와 함께 집집마다 방문하기 시작했다. 다음 날 한함 산Hanham Mount에는 약 200명가량의 사람이 모였다. 그날 마태복음 5장 1~3절 본문을 설교한 후 휘트필드는 당시의 소감을 이렇게 말했다.

하나님께 찬양을 드리노라. 이제 나는 드디어 일을 시작했다. 내가 야외에서 청중을 가르칠 때 사람들은 옛날 주님을 배척했던 것처럼 나를 배척할 것이다. 하지만 내가 사람을 기쁘게 하려고 한다면 나는 그리스도의 종이 되지 못할 것이다.

휘트필드가 한함 산에서 야외 설교를 했다는 소문은 급속하게 번졌다. 다음 주 수요일에 다시 열린 집회에는 2천 명가량의 군중이 모여들었다. 금요일에는 4천여 명이 운집했다. 주일에는 휘트필드가 아침 6시부터 다른 교회에서 세 차례의 설교를 마친 후 오후 4시경에 다시 그곳으로 갔는데 약 1만여 명이 모여 있었다. 그때 상황에 대해서 휘트필드는 다음과 같이 말했다.

나무와 울타리에도 사람들이 가득 올라서 있었다. 내가 설교를 시작하자 모든 사람이 입을 다물었다. 태양은 밝게 빛났고 하나님께서는 내가 한 시간 동안 놀라운 능력으로 설교할 수 있게 해주셨으며, 또 나중에 들으니 내 목소리가 아주 커서 모든 사람이 다 들을 수 있었다고 했다.

이제 그 복음의 불길은 예배당에서 야외로 퍼져나가게 되었다. 하나님께서 일으키시는 복음의 불길 앞에서 휘트필드는 자신의 젊음을 불태우고 싶은 열망뿐이었다. 한함산에 모여든 수천, 수만의 군중이 복음을 듣고 하염없이 눈물을 흘리는 모습을 볼 때마다 조립식 강단에 선 휘트필드의 가슴은 더욱 뜨거워졌다.

이 산에 타오른 복음의 불길이여, 킹스우드와 브리스틀 그리고 영국을 태우소서!

~

우정의 꽃, 존 웨슬리를 끌어들임

~

휘트필드는 브리스틀을 거점으로 하여 그 주변에서 약 6
주 동안 한 주에 30회씩 설교하였다. 하지만 그는 런던으로
갈 계획이 있었기 때문에 브리스틀에서 자신의 사역을 계
속해서 이어갈 사람을 찾고 있었다. 마치 존 웨슬리가 조지
아에서 자신에게 도움을 청하는 편지를 보냈던 것처럼, 휘
트필드도 편지를 보내 브리스틀에서 설교 사역을 맡아줄
것을 부탁했다. 편지를 받은 웨슬리가 브리스틀에 도착해
서 다음과 같이 첫 소감을 피력하였다.

휘트필드 형제는 주일 아침 볼링 그린Bowling Green에서
6~7천여 명의 군중 앞에서 강해 설교를 했다. 정오에는
한함 산에서 비슷한 사람들 앞에서 설교했고, 오후 5시에
는 로즈 그린의 조그마한 언덕에서 3만 명의 사람에게 설

교했다. … 나는 들판에서 설교하는 이상한 방법을 보고 처음에는 이해할 수 없었다. … 내가 항상 그래왔듯이 … 너무나 철저하게 고상하고 질서 잡힌 것만 고집하던 나는 교회에서 하는 것이 아닌 다른 어떤 방식으로 영혼을 구원하려 한다면 그것은 죄악이라고 생각했다.

런던으로 가야 할 날이 임박해지자 휘트필드는 브릭야드Brickyard에서 웨슬리가 설교하도록 주선하였다. 휘트필드는 그 후에도 계속해서 웨슬리에게 브리스틀의 설교 사역을 맡길 생각이었다. 그래서 휘트필드는 청중들이 계속해서 자신이 설교할 줄 알고 그곳으로 몰려왔을 때 자신은 빠지고 웨슬리에게 설교를 시킬 계획으로, 다음 집회가 있을 것이라고 광고하고 말았다. 휘트필드가 그렇게 한 이유 중의 하나는 웨슬리에 대한 사랑과 우정의 씨앗이 가슴속에 싹트고 있었기 때문이었다.

그러한 우정은 휘트필드가 옥스퍼드 대학 초기 시절부터 홀리클럽 회원들과 나누었던 각별한 교제와 사랑의 열매였다. 그래서 한때 웨슬리도 어려운 순간에 휘트필드에게 도움을 구할 정도로 그들의 우정은 깊어가고 있었다. 이번에 휘트필드는 수많은 군중 앞에서 설교하는 영광의 자리로 웨슬리를 초대했다. 하지만 휘트필드의 특별한 부탁으로 브릭야드에 온 웨슬리는 처음에는 어쩔 수 없이 설교하는 소극적인 자세를 보였다.

그럼에도 불구하고 그 집회를 계기로 웨슬리는 대중 집회의 지평을 열었다. 그 집회는 장차 야외 설교자로서 그의 생애의 모든 것을 바꾸어놓는 계기가 되었다. 결국 거의 억지로 하다시피 했던 야외 설교를 통해 웨슬리는 장차 본인의 활동과 조직의 무대가 될 브리스틀 사역의 포문을 열었던 것이다. 그날의 집회 후 휘트필드는 킹스우드에 학교를 세우려는 의중을 말하고 성대한 환송을 받으면서 런던으로 떠났다.

그 후로부터 브리스틀의 사역은 웨슬리가 지도하게 되었다. 물론 집회 때 모여든 청중의 수는 휘트필드가 인도할 때보다 적었고, 대중 집회를 인도하는 설교 기량에 있어서도 휘트필드에 미치지 못하였다. 하지만 웨슬리는 지적인 내용과 세계 비전 곧, "내가 설 곳을 달라. 그러면 지구를 흔들어 보이겠다", "세계는 나의 교구"라는 비전을 제시하면서 집회를 이끌었다. 이 후 웨슬리는 탁월한 리더십과 조직력을 바탕으로 폭넓은 운동을 일으켜 마침내 감리교를 창시하기까지 했다. 지금도 브리스틀 시내의 한 중심에는 존 웨슬리의 사역을 기념하기 위해서 세워진 '뉴룸 New Room'으로 알려진 '웨슬리 예배당John wesley's chapel'이 보존되어 있다.

비난과 배척을 잠재운 야외 설교

브리스틀의 킹스우드를 떠난 후 휘트필드는 웨일즈에서 야외 집회를 이끌고 있었던 하웰 해리스를 만났다. 그는 휘트필드와 비슷한 시기에 회심한 평신도로서 복음에 대한 열정이 뜨거워, 사람들을 모아놓고 가르치고 있었다. 그러한 모임이 점점 커져서 야외 집회로 바뀌게 되었다. 그의 메시지와 열심도 소문을 거듭하여 남 웨일즈 사람들에게 널리 알려지기 시작했다. 휘트필드는 직접 웨일즈로 가서 그의 엄청난 사역을 보면서 비전을 나누고 싶었다.

웨일즈에 간 휘트필드는 며칠간 해리스와 함께 순회 설교를 행하면서 복음을 향한 그의 열정에 크게 감동하였다. 휘트필드는 해리스와 장차 비전을 나눌 것을 약속하고 곧바로 고향인 글로스터로 갔다. 휘트필드가 고향에서 사람들을 만났을 때 고향 사람들은 휘트필드의 변신에 놀라움을 금치 못했다. 불과 7년 전에 그는 세인트 메리 드 크립트 교회의 부속 학교의 어린 학생이었고, 8년 전에는 벨Bell 여인숙의 급사가 아니었던가! 그런 그가 이제 평범한 청년이 아니라 전국적으로 이름을 떨친 유명인사가 되었으니….

휘트필드는 글로스터에서 며칠을 머무르며 교회에서 설교하려고 했다. 하지만 영국 교회의 성직자들과 일부 평신도들까지 예배당을 사용하는 것을 금하였다. 심지어 그를 노골적으로 비난하고 배척하기까지 하였다. 복음을 듣기 위해서 모여든 수많은 사람은 예배당이 봉쇄되어 안으로 들어갈 수 없었다. 결국 휘트필드는 참담한 심정으로 야외 집회를 결정했다. 그는 들판에서 설교했고, 부스 홀Booth Hall이라는 대강당을 빌려서 설교하기도 했다.

런던으로 돌아온 휘트필드는 아예 처음부터 야외 집회를 주도하기 시작했다. 휘트필드가 예배당에서 설교하는 것을 반발하거나 그를 노골적으로 배척하려는 움직임이 이미 런던에까지 확산되었기 때문이었다. 런던에서 맞은 첫 번째 주일에 휘트필드는 무어필즈Moorfields에서 야외 설교를 했다. 그곳에 모인 사람들이 구름떼와 같았다. 휘트필드에 대한 반대나 배척 운동이 은밀하게 진행되고 있었지만 헤아릴 수 없이 몰려든 군중들의 기세는 누구도 꺾을 수 없었다.

휘트필드를 거의 30년 동안 알고 지내면서 그가 죽은 후에는 최초의 전기까지 저술한 길리스 박사Dr. Gillies는 무어필즈 집회에 대해서 이렇게 증언했다.

휘트필드는 믿을 수 없을 정도로 많은 사람이 모여든 것을 보았다. 많은 사람이 휘트필드에게 그곳에서 살아서 돌아오지 못할 것이라고 말했다. 하지만 휘트필드는 친구들 사이에 끼어서 많은 군중 사이를 뚫고 들어갔다. 그러나 군중들이 서로 밀고 밀리는 바람에 곧 친구들을 놓쳐버렸고, 친구들마저 휘트필드를 군중들의 처분에 맡길 수밖에 없었다. 그러나 군중들은 휘트필드가 다치지 않도록 길을 비켜주었고 들판 한가운데로 나갈 수 있도록 해주었다(그곳에 야외 강대상이 하나 있었으나 군중들에 의해서 산산조각이 나버렸다). … 그때부터 휘트필드는 아무 방해도 받지 않고 엄청나게 많은 군중에게 설교했다.

휘트필드는 그곳의 집회를 마치고 곧바로 크라이스트 교회Christ Church의 오전예배에 참석했다. 그 예배 중에 런던에서 가장 유망한 성직자 중 한 사람으로 알려진 조셉 트랩 목사Rev Dr Joseph Trapp가 자신에 대한 이야기로 설교 주제를 삼고 비난과 조소로 일관하는 설교를 듣고 심한 충격을 받았다. 결국 휘트필드는 이제 자신은 예배당보다는 들판에 서야 할 필요성을 다시 한 번 절감하고 야외 설교에 전력하기로 마음먹었다.

4장

교파를 초월한 설교술의 거장

George Whitefield

~

런던을 불태운 뜨거운 불길

~

휘트필드는 자신에 대한 비난을 쏟아부은 설교를 듣고 마음의 상처와 고통을 저버릴 수 없었다. 하지만 자신도 상상할 수 없는 엄청난 규모의 무어필즈 집회를 생각하면서 용기를 얻었다. 저녁에는 런던 시내에서 5킬로미터 정도 떨어진 케닝턴 코먼Kennington Common의 넓은 공유지로 가서 수만 명의 사람에게 힘차게 설교했다. 이제야말로 자신이 설 곳은 봉쇄된 예배당이 아닌 들판의 강단이라고 생각하면서, 하늘의 양식을 갈망하여 모여든 수많은 영혼에게 폭포수와 같은 말씀을 마음껏 외쳤다.

케닝턴 코먼은 거지들이 우글댔고, 술 취한 사람들의 싸움 소리가 끊이지 않았다. 그 지역은 각종 질병으로 고통받는 사람들이 가득했다. 그는 그날 저녁 집회를 다음과 같이 말했다.

3만 명 이상의 인파가 모인 듯했다. 마침 바람이 불어와 맨 끝에 있던 사람들에게도 쉽게 내 목소리가 전해졌다. 모든 사람이 내 설교를 주의 깊게 듣고 서 있다가 한목소리로 시편과 주님의 기도를 암송했다. 나는 어떤 교회에서도 그렇게 조용하게 설교해본 적이 없었다. 하지만 말씀이 능력으로 임했고 모든 사람이 큰 은혜를 받았다.

런던에서 처음으로 가진 야외 집회를 대 성황리에 끝낸 휘트필드는 매일 저녁 케닝턴 코먼으로 갔다. 매 주일 아침 무어필즈에 가서 집회를 인도했다. 그 무렵 야외 사역을 상세히 기록한 일지의 내용을 살펴보자.

5월 2일, 오늘 저녁에는 케닝턴 코먼 공유지에서 1만 명 이상의 사람에게 설교했다. … 이제 옛것은 지나가고 우리는 성령의 위로 가운데서 일한다. 5월 5일, 어제와 오늘은 보통 때처럼 케닝턴 코먼에서 설교했다. 모인 사람은 2만 명 정도였고 많은 사람이 큰 은혜를 받았다. 5월 6일, 오늘 아침에는 무어필즈에서 약 2만 명의 사람에게 설교했다. … 6시에는 케닝턴 코먼에서 설교했다. 그러한 광경은 일찍이 본 적이 없었다. 약 5만 명의 사람이 모인 듯했고 80대의 마차가 왔고, 말들도 엄청나게 많았다.

이와 같이 휘트필드가 무어필즈와 케닝턴 코먼에서 댕긴 복음의 불길은 그칠 줄 모르고 활활 타올라 마침내 런던 전역을 휩쓸었다. 런던을 휩쓴 뜨거운 복음의 불길은 꺼질 줄 몰랐다. 일지의 기록을 살펴보자.

5월 25일, 아침 7시에 설교했는데 전보다 더 많은 군중이 모여들었다. … 설교 후에는 베드포드Bedford에서 16킬로미터 떨어진 힛킨Hitchin에 오후 1시경에 도착했다. 수많은 영혼이 나의 설교를 듣기 위해서 모여 있었다. 5월 26일, … 시내 근처의 야외에서 아침 7시에 약 1만 5천 명의 군중에게 설교했다. … 저녁에는 케닝턴 코먼에서 약 1만 5천 명 정도의 무리에게 설교했다. 하나님의 특별하신 임재가 우리 가운데 있었다. … 5월 27일, 오늘 아침에는 무어필즈에서 2만 명의 사람에게 설교했다. 내 설교는 2시간 정도 계속되었고, 내 마음은 사랑으로 충만했다. … 5월 30일, 저녁 때 뉴잉턴 코먼Newington Common의 공유지에서 1만 5천 명의 사람에게 설교했다. 그곳에서 설교할 수 있도록 나를 위해 강대상이 세워졌고 말씀의 능력이 임했다.

이처럼 일지에 기록된 지역 외에도 휘트필드는 햄프턴 히스Hampton Heath, 하트퍼드Hertford, 노샘프턴Northampton 등지를 순회하면서 집회를 가졌다. 그는 언덕, 시장, 들판, 길거리, 시골길 등 닥치는 대로 사람들이 모인 곳이면 어디든지 서서 복음을 전했다. 그때마다 수만 명이 모이는 것은 보통이었다.

옥에 티와 같은 오점들

이 무렵 휘트필드는 얼마 전에 존 웨슬리를 브리스틀의 야외 설교자로 끌어들였던 것처럼 찰스 웨슬리를 야외 설교자로 끌어들였다. 그렇게 함으로써 휘트필드는 다시 한 번 웨슬리 형제와의 우정을 꽃피웠다. 활활 타오르는 복음의 불길 아래 그리스도 안에서 쌓은 우정으로 부흥 사역을 함께 나누었던 것이다. 그런 고귀한 인품에도 불구하고 휘트필드의 생애와 사역에 있어서 지울 수 없는 한 가지 실수와 과오가 있었다.

그가 조지아로 다시 건너가기 위해 기다리며 런던에서 야외 설교 사역에 주력하던 해(1739년)였다. 휘트필드는 지금까지 자신을 반대하는 어떤 비난이나 공격에도 전혀 응수하지 않고 침묵해왔다. 그러다가 그런 입장을 바꾸기 시작했다. 그때까지 자신을 인격적으로 모독하는 어떤 사람들의 비난에 대해서도 답변을 회피했다. 하지만 성경의 진리가 왜곡되거나 크리스천의 삶의 표준이 허물어질 때는 분명한 해명을 했다.

그런 휘트필드의 행동은 매우 바람직하고 나무랄 데 없이 훌륭한 처신이었다. 하지만 휘트필드의 결점은 자신에 대한 왜곡된 소문들을 변명하는 방법에 있었다. 런던 크라이스트 교회의 주일 오전예배에서 휘트필드를 신랄하게 비난한 조셉 트랩 목사는 오후에 다른 두 곳에서 똑같은 주제로 설교하면서 휘트필드에 대해 맹공격을 퍼부었다. 그 후에도 연속 3주에 걸쳐서 런던의 각 교회에서 휘트필드를 비난하는 주제로 계속 설교하고 다녔다. 그때 트랩 목사가 공격했던 내용 가운데 일부는 다음과 같다.

영국 국교회의 성직자에게 시골의 들판이나 도시의 거리에서 설교하고 기도하는 것은 완전히 새로운 것이다. … 들판이나 거리에서 설교하고, 기도하며 시편을 노래하는 것은 어떻게 보면 터무니없는 폭력으로 강단을 방해하는 것이며 평화를 깨뜨리는 것이다. 그렇다면 그것은 가장 악랄한 방법으로 명백한 사실을 부인하는 것이다. … 이러한 사기꾼을 따라가서는 안 된다. … 그들을 추종하는 사람들은 기독교와 교회의 적이다.

트랩 목사의 공격은 사람들의 입에서 입으로, 혹은 소책자를 통해서 많은 사람을 자극했다. 이때 휘트필드는 지금까지 침묵으로 일관해왔던 자신의 입장을 바꾸어 왜곡된 부분들에 대해서 진실을 밝히려고 애썼다. 휘트필드가 그 당시 떠돌고 있던 왜곡된 소문들이 근거가 없다는 것을 밝히기 위해서 말한 내용 중 일부를 살펴보자.

나는 우리가 성령을 받지 않고 '신생' 교리와 열광주의에 빠졌다고 말하는 지식층의 사악함을 폭로하지 않을 수 없다. 나는 당신들의 입에서 나오는 말에 근거해서 당신들을 비난할 것이다. 성직 안수 때에 당신들은 내가 교회의 사역을 수행하기 위해서 내적으로 성령에 감동되었다는 것을 주교에게 말하지 않았던가? 당신들은 지금 아나니 아와 삽비라처럼 행하고 있음에 틀림없다. 지금 당신들은 사람 앞이 아니라 하나님 앞에서 거짓말을 하고 있다.

휘트필드의 의도는 옳았지만 이와 같은 방법으로 반대자들에 대해 역공격을 퍼부음으로써 그 방법에 부분적으로 문제를 안고 있어서 옥에 티와 같은 하나의 오점을 남겼다고 할 수 있다. 그러한 실수에 대해서 나중에 휘트필드는 솔직하게 고백했다.

나는 하나님의 성령에 의해서 말하거나 쓰고 있다고 생각하면서도 사실은 빈번하게 내 자신의 영으로 말하거나 썼던 적이 있다.

휘트필드가 범한 또 하나의 오점은 그의 일지들을 추가로 출판한 것이었다. 그의 첫 일지는 조지아에서 돌아오자마자 곧 출판되었다. 휘트필드의 측근에 있던 사람들은 첫 일지의 좋은 반응에 대해서 계속적으로 말함으로써 그를 부추겨 세워 일지를 계속 출판하도록 자극했다. 휘트필드는 측근들의 격려에 힘입어 곧바로 네 번째 일지까지 출판했다. 그 일지들의 내용은 주로 첫 일지의 결점을 보완하면서 조지아 사역과 야외 설교 사역 그리고 국교회로부터의 제명 등을 기록으로 남겼다.

아마도 휘트필드와 그의 측근들이 그 일지들을 그렇게 성급하게 출판한 이유는 당시 떠돌아다니던 왜곡된 소문과 비난 등에 대해서 해명하는 방편으로 삼기 위함이었으리라 생각된다. 그러나 그 일지들은 휘트필드 자신이 나중에 인정한 바 있지만 너무 조급하고 무성의하게 씀으로써 그의 생애에 있어서 커다란 오점으로 남게 되었다.

결별의 아픔 속에 피어난 애정의 싹

1739년 한 해는 여러 가지 측면에서 휘트필드에게 중대한 한 해였다. 그해에 휘트필드에게 또 다른 두 가지 사건이 있었다. 하나는 교리적인 차이로 존 웨슬리와 결별한 것이었고, 다른 하나는 그런 아픔 가운데서도 생전 처음으로 한 여인에 대한 애정이 그의 마음속에 싹터 오르기 시작한 것이었다.

그 무렵 웨슬리는 브리스틀에서 휘트필드로부터 이어받은 야외 설교 사역에 전력하고 있었다. 휘트필드는 브리스틀을 떠나오면서 웨슬리에게 예정 교리에 관해서는 아무런 논쟁을 하지 말자고 간곡하게 부탁했다. 그들은 서로 자신의 입장이 각각 다르다는 것을 알고 있었다. 휘트필드는 칼뱅주의 신학 체계의 본질을 이루는 예정론을 깊이 신봉해왔고, 웨슬리는 칼뱅주의와 정반대되는 알미니안주의를 따르고 있었다.

웨슬리는 집회 중에 브리스틀에서 한 번도 보지 못했던 이해할 수 없는 현상들을 목격했다. 그러한 현상들은 몸부림을 치는 일종의 경련 같은 것이었다. 웨슬리는 그것을 하나님께서 자신의 집회에서만 나타내시는 초자연적인 현상으로 확신했다. 여기에서 확신을 얻은 웨슬리는 지금까지의 침묵을 깨고 교리 문제에 대해서 휘트필드가 따랐던 예정 교리를 반박하려고 마음먹었다.

웨슬리는 자신의 확신에 대해 더욱 분명한 증거를 원했다. 따라서 그는 가장 사도적인 방법으로 제비뽑기 방식을 택해서 자신의 행동지침에 대한 확실한 증거를 삼으려고 생각했다. 결국 제비뽑기에서 선택된 것은 설교집을 출판하라는 것이었다. 여기에서 확신을 얻은 웨슬리는 즉시 예정론을 반박하는 설교를 강행했다. 그날 웨슬리가 다음과 같이 설교함으로써 절친한 두 사람의 교리적인 싸움, 곧 분열은 급속하게 진행됐다.

이것은 참람함으로 가득 찬 교리로써, 그 참람함은 감히 입에 담기조차 두려운 것이지만 은혜로우신 하나님의 영광과 진리의 대의大義 때문에 나는 침묵하고만 있을 수 없다. … 나는 이 끔찍한 교리가 담겨 있는 무시무시한 참람함에 대해 약간만 언급하려 한다. 이 교리는 우리의 복되신 주님, '의로우신 예수 그리스도'를 위선자요, 사람을 속이는 자요, 상식적인 성실성조차 없는 천박한 사람으로 제시한다. 이것이 예정론이라는 끔찍한 강령에 내포되어 있는 참람한 내용이다. 여기서 나는 마음을 정했다. 이에 덧붙여 나는 이 교리를 주장하는 모든 사람까지도 함께 비난하는 바이다. 그대들은 하나님을 마귀보다 나쁜 분, 마귀보다 더 그릇되고 더 잔인하며, 더 불의한 분으로 제시하고 있다.

웨슬리의 결심은 비장했다. 그의 비난은 예상보다 훨씬 강도가 높았다. 그는 이미 교리의 전쟁에 뛰어들 마음의 준비를 단단히 갖추고 있었던 것이다. 불행하게도 그런 식으로 웨슬리가 예정론을 반박함으로써 그동안 아름답게 피워왔던 휘트필드와의 우정의 꽃이 시들게 되었다.

휘트필드는 예정론을 반박하는 웨슬리의 설교와 그 설교에 대한 출판 소식을 듣고 충격을 받았다. 그는 이미 간곡한 편지로 더 이상 논쟁을 금하고 침묵하자고 우정 어린 충고를 보낸 바 있었다. 하지만 웨슬리는 자신의 생각 외에는 그 누구의 입장과도 타협하지 않았다. 그는 마침내 분열을 조장하는 자신의 교리를 전국에 배포하고 말았다. 이렇게 휘트필드와 웨슬리가 서로 분열하게 된 근본적인 요인 중의 하나에 대해서는 델리모어의 평가를 대신 인용하고자 한다.

그(웨슬리)는 자기 자신에 대해서 일종의 우월감을 갖고 있었고 원대한 야심도 소유하고 있었으며, 그러한 성향들이 바로 그의 모든 행동의 근간을 이루고 있었다.

그 무렵 휘트필드의 마음속에 한 여인에 대한 애정이 싹터 오르고 있었다. 엘리자베스 델라모트라는 젊은 여인을 알고 지냈는데 어느새 그 여인에 대한 애정을 억누를 수 없음을 느끼게 되었다. 휘트필드는 지금까지 이성과의 친분에 대해서 극히 부정적인 생각을 해온 터였다. 하지만 지금은 자신도 모르게 그 여인에 대한 애정이 깊어가는 것을 느끼고 있었다.

델라모트에 대한 깊은 애정을 품은 채 휘트필드는 1739년 8월 14일, 수많은 사람의 환송을 받으며 그레이브젠드 Gravesend 항구에서 조지아로 출항했다. 선상에서까지도 쉴 틈 없이 복음 사역을 행한 지 11주 만인 1739년 10월 30일 미국의 루이스타운 Lewistown에 도착하였다.

베데스다 고아원 건축

미국에 도착한 휘트필드는 대륙의 중심지인 펜실베이니아로 갔다. 하지만 조지아에 고아원을 세우기 전에 먼저 미국에 대해 좀 더 알려는 계획으로 그는 필라델피아로 향했다. 그곳에 도착하자마자 매일 저녁 야외에서 집회를 가졌다. 놀랍게도 그곳에서도 영국에서와 같이 엄청나게 많은 군중이 모여들었다. 휘트필드의 탁월한 설교 능력이 소문나자 필라델피아에서 가장 큰 교회가 그를 설교자로 초청했다. 하지만 너무 많은 사람이 모여들어 다시 야외로 나갈 수밖에 없었다.

그 후로 필라델피아에 있는 교회들은 휘트필드가 교회에서 설교하는 것을 허락하지 않았다. 결국 휘트필드는 영국에서처럼 또다시 야외 설교자로 나서야 했다. 야외 설교 사역이 왕성하게 진행되는 동안에도 휘트필드는 조지아에 고아원을 세우는 일을 준비해나갔다. 그러다가 마침내 동역자인 윌리엄 슈어드와 비서인 존 심스를 데리고 조지 아로 향했다. 휘트필드는 육로로 여행하면서 매일 만나는 무리들을 모아놓고 설교했다.

조지아에 도착한 휘트필드는 그곳 사람들로부터 수십 만 평의 땅을 양도받아 고아원을 짓기 시작했다. 그 고아원 의 이름은 '자비의 집'이라는 의미가 있는 '베데스다'라고 지었다. 하지만 휘트필드는 베데스다의 건물이 완공될 때 까지 앉아서 마냥 기다릴 수 없었다. 그래서 그는 다시 복 음 전도 여행을 준비해서 필라델피아로 향했다. 그때 필라 델피아에 도착한 휘트필드는 생애 동안 지속적인 우정을 나누었던 미국의 철학자이자 정치가인 벤저민 프랭클린 Benjamin Franklin을 만나게 되었다. 수년 후에 프랭클린은 당시 휘트필드의 사역에 대해서 다음과 같이 회고했다.

1739년 우리들 가운데로 휘트필드 목사가 도착했다. 그 의 설교를 듣기 위해 모든 교파와 교단에서 엄청나게 많은 사람이 모였다. 거기 모여든 사람의 숫자도 숫자이지만 웅변술로 청중들을 감화시키는 그의 탁월한 영향력은 정말 깊이 생각해볼 만한 일이 아닐 수 없다. 우리 주민들의 태도에 곧 변화가 생기기 시작했다는 것 또한 놀라운 일이다. 별 생각도 없이 살고 종교에는 무관심하던 그들이 모두 점점 경건해지고 있다. 저녁 때 거리를 걷노라면 골목의 모든 가정마다 찬양 소리가 흘러나오는 것을 들을 수 있다.

한편 대각성 운동 외에 휘트필드가 미국에서 이룬 일들 가운데서 빼놓을 수 없는 또 하나의 업적은 흑인 노예들을 위한 봉사였다. 그는 학문이 전혀 없는 무식한 흑인들에게도 쉽게 설교함으로써 흑인들에게 영적인 진리를 전했으며, 노예들에게는 물질적인 도움을 주려고 애썼다. 그래서 휘트필드는 델라웨어Delaware 근처에 땅을 사서 그곳에 불쌍한 노예들을 교육하는 곳으로 쓰일 건물을 지어 흑인들을 도우려고 했다. 휘트필드는 그 건물의 이름을 '나사렛'

이라고 붙이고 공사를 진행시켰다. 하지만 그 일은 주변 인디언들의 계속된 공격과 재정적인 어려움으로 성공을 거두지 못했다.

사도시대 같은 경이로운 역사들

휘트필드는 대륙의 중앙 부분 전역을 돌면서 야외 집회를 이끌었다. 그 집회 때마다 수많은 백인뿐 아니라 흑인까지 회심시키는 역사를 이루었다. 하지만 휘트필드의 설교 사역은 다시 한 번 교회 목회자들에게 강한 반감을 불러일으키게 되었다. 당시 국교회에서는 다른 교파 사람들에게 설교하는 것이 금지되었다. 그런데 휘트필드는 모든 교파를 초월해서 집회에 모여든 사람들에게 강력한 영향력을 행사했기 때문에 반감을 사게 되었다.

그러나 휘트필드 편에 선 여러 사역자는 대중적으로 휘트필드를 방어해주는 데 노력을 아끼지 않았다. 예를 들면, 조시아 스미스 목사는 휘트필드를 가리켜 "설교술의 거장"이라고 소개하면서 극찬했다. 쿠퍼와 콜먼 같은 사역자도 휘트필드의 사역을 높이 평가했다.

그는 이 시대의 경이驚異이다. 그보다 더 자주 다른 사람의 글과 대화의 주제가 된 사람은 없다. … 일부 사람들에게는 그토록 찬탄과 찬사를 받고 또 일부 사람들에게는 정죄와 비난을 받은 사람은 그뿐이다.

휘트필드 측근들의 열렬한 지지와 방어에도 불구하고 탄압과 공격은 계속되었다. 성 빌립 교회의 주교의 권리를 위임받은 가든이라는 대리 주교는 휘트필드가 불법을 행하고 있다며 신랄하게 공격했다. 가든은 노예의 소유주들을 선동하여 휘트필드를 중상모략 죄로 고소할 것을 선언했다. 그는 마침내 교회 법정까지 소집하였다. 그의 속셈은 휘트필드를 아예 그 지방에서 몰아낼 참이었다. 법정에 선 휘트필드는 발언권을 묵살당한 채 일방적으로 공격을 당했다. 그 법정문제는 오랜 시간을 끌게 되었다. 그로부터 1년 후에 교회 법정은 휘트필드의 사역 정지 판결을 내리고, "교회 앞에서 공개적으로 그를 탄핵할 것이라고 선언"하고 법정 문제를 마무리 지었다.

이러한 충격적인 사건이 있은 지 얼마 되지 않아서 휘트필드에게 다시 한 번 실망스러운 소식이 들려왔다. 그가 여전히 사모하고 있는 여인 델라모트가 그의 애정에 대해 부정적인 답변을 보낸 것이다. 그런 고통스러운 소식에도 불구하고 휘트필드의 사역은 중단되지 않았다. 그는 근간에 있었던 일련의 실망스러운 사건들을 강단의 열정으로 날려버리고 계속해서 설교 사역에 주력하였다.

휘트필드는 다시 뉴잉글랜드 전역을 돌며 집회를 주도했다. 교회 법정의 탄핵 결정에도 아랑곳하지 않고 사람들은 밀물처럼 몰려들었다. 시간이 지날수록 휘트필드가 주도하는 집회는 구름떼와 같은 사람들로 인산인해를 이루었다. 보스턴의 뉴사우스 교회New South Church에서는 너무 많은 사람이 몰려들어 예배당 한쪽의 벽이 무너지는 사고로 5명이 죽는 참사가 일어나기도 했다.

그런 사고 가운데서도 휘트필드의 설교는 밤낮으로 계속되었고, 종종 하버드와 예일 대학교의 학생들에게도 설교했다. 하버드에서 휘트필드의 설교를 들은 학생들이 변화된 상황을 콜먼 박사Dr Colman는 이렇게 증언했다.

학교가 완전히 변했다. 학생들은 하나님으로 충만해있다. 정말 거듭난 것같이 보이는 학생들도 많다. 기도와 찬양 소리가 학생들 방을 가득 채우고 있다. … 그날 설교를 들은 100여 명의 학생 중 7명만 감동을 못 받았다고 한다.

이처럼 휘트필드는 탁월한 설교 능력과 영적인 감화력으로 농부, 지식인, 상인, 흑인 등 각계각층의 사람들에게 언제나 영적 각성을 줌으로써 뉴잉글랜드의 대각성 운동을 이끌 수 있었다. 그가 보스턴을 떠나는 마지막 고별 설교를 할 때에는 당시 보스턴 전체 인구보다 더 많은 숫자인 2만 3천여 명의 인파가 몰려들었으니 그의 영향력이 얼마나 컸는지 쉽게 짐작할 수 있다.

휘트필드는 보스턴을 떠나서 노샘프턴에 머물렀다. 그곳에서 이미 부흥 운동을 주도하고 있었던 조나단 에드워즈의 초청을 받았기 때문이다. 그때 에드워즈는 휘트필드에게 이런 편지를 보냈다.

1740년 2월 12일

목사님은 가시는 곳마다 하나님의 복이 임하게 해주시는 분이라는 것을 알고 있습니다. 만약 하나님의 뜻이라면 목사님과 목사님의 사역에 늘 동반되는 그 복이 이 마을 위에도 내려지기를 간절히 원합니다. … 저는 목사님과 슈어드 씨가 저희 집으로 오시기를 소원합니다. 그런 손님들을 제 집에서 환대할 수 있다면 하나님의 은총이자 섭리로 여길 것입니다.

목사님의 동역자라 불릴 자격도 없는

조나단 에드워즈 목사 드림.

에드워즈의 간곡한 부탁으로 노샘프턴에 머물게 된 휘트필드는 나중에 에드워즈에 대해서 다음과 같이 말했다.

에드워즈 목사님은 견실하고 훌륭한 그리스도인이지만

현재 나는 몸이 약하다. 나는 뉴잉글랜드 전역을 다녔어도 그와 같은 사람은 보지 못했다. 그가 시무하는 교회의 강대상에 섰을 때 나는 성도들이 누리는 위안과 특권 그리고 성도들에게 성령이 충만하게 거한다는 것 외에 무엇인가 더 말해주기에는 내가 너무나 부족함을 느꼈다.

휘트필드는 그 주일 집회에 대해서 다음과 같이 말했다.

1740년 10월 19일 오늘 아침에 설교를 했다. 선량한 에드워즈 목사님은 설교 시간 내내 울었다. … 사람들도 동일하게 감동받았고, 주일 오후에는 더 큰 역사가 일어났다.

그날 많은 사람이 가게 문을 닫거나 연장을 팽개치며 하던 일을 멈춘 채 휘트필드의 설교를 듣기 위해 모여들었다. 그리고 노샘프턴에서 말씀을 들은 모든 사람은 풍성한 은혜를 받은 그날을 자신들의 새로운 삶이 시작된 날로 여길 정도였다.

노샘프턴의 집회를 마친 휘트필드는 에드워즈와 아쉬운 작별을 하고 중부지역을 돌면서 집회를 가졌다. 가는 곳마다 영적인 각성의 불길이 활활 타오르게 되었다. 당시 지성의 요람이었던 하버드, 예일 대학교 학생들이 휘트필드의 설교를 듣고 변화되었다. 귀족이나 철학자, 정치가 등 다양한 계층의 사람이 변화되는 역사도 셀 수 없었다. 휘트필드가 붙여놓은 뉴잉글랜드의 대각성의 불길은 조나단 에드워즈나 길버트 테넌트 등과 같은 능력 있는 사역자들을 통해서 계속적으로 활활 타올랐다.

그 당시 휘트필드가 이끄는 영적 대각성의 불길을 가리켜서 윌리엄 쿠퍼William Cooper는 그때의 상황을 다음과 같이 묘사했다.

우리에게 사도시대가 다시 임한 것 같다. 군중 가운데 그 정도로 거룩한 성령의 능력과 은혜가 나타났고, 그는 열렬하게 복음의 말씀을 증거했다.

어둠의 그림자

뉴잉글랜드에서 휘트필드가 이룬 업적들은 그의 나이에 견주어볼 때 참으로 괄목할 만한 것들이었다. 그는 불과 26살의 나이로 베데스다 고아원 건축, 흑인 교육을 위한 나사렛 건물 시공, 뉴잉글랜드 전역을 휩쓴 대각성 운동 등을 주도하였으니 하나님의 손길에 사로잡히지 않았다면 불가능한 일들이었을 것이다. 하지만 휘트필드는 그와 같은 왕성한 활동을 하고 다시 영국으로 돌아온 직후 그의 생애에서 가장 어두운 시기를 맞게 되었다.

휘트필드가 막 런던에 도착했을 때 수천 명의 청중이 그의 설교를 듣기 위해 무어필즈와 케닝턴 코먼의 야외 광장으로 몰려들었다. 하지만 그렇게 뜨거웠던 청중의 열기는 얼마 되지 않아서 곧 시들어버렸다. 일례로, 그 첫 주간에는 겨우 200~300명의 청중만 모여서 그의 설교를 들었다.

그리고 그들 중에도 많은 사람이 손가락으로 귀를 막고 야외 집회장을 빠져나가기도 했다. 그토록 많았던 청중이 돌변한 이유는 웨슬리가 이미 많은 사람에게 휘트필드의 설교가 이단적인 교리라는 명목으로 그것을 듣지 못하도록 지시했기 때문이었다. 당시의 상황이 어느 정도였는지 휘트필드가 쓴 편지의 내용을 직접 들어보자.

1741년 3월 25일 런던

지금은 시련의 때이다. … 내가 마지막으로 영국을 떠날 때 자기 눈이라도 빼어주려 했던 많은 영적 자녀가 그들이 존경하는 선생님들 때문에 깊은 편견을 갖게 되었다. 웨슬리가 선택의 교리에 그처럼 끔찍한 색깔을 입혀놓은 바람에 그들은 나를 보려고도, 내 설교를 들으려고도 하지 않으며 나를 조금도 도와주려고 하지 않는다.

그렇게 뜨겁게 타올랐던 청중의 열기가 식어버리고, 열광과 환호를 보냈던 청중을 잃어버렸다는 것은 곧 휘트필드의 복음 사역의 종결을 의미하는 것이나 다름없었다. 설상가상으로 자신의 설교집을 출판해서 고아원 후원금으로 이용하려는 계획까지도 출판업자가 모라비아교로 개종하는 바람에 무산되었다.

휘트필드에게 있어서 자신에게 몰려들던 수많은 청중을 잃어버렸다는 것은 마치 자기 몸의 일부를 잃어버린 듯한 아픔이었다. 하지만 그것보다 더욱 큰 아픔을 준 것은 웨슬리 형제의 적대적인 태도였다. 웨슬리는 교리적인 문제로 휘트필드와 결별한 후 계속해서 예정론을 반박하는 설교를 해서 휘트필드의 신학 사상에 치명타를 가하려고 안간힘을 다했다. 그럼에도 불구하고 휘트필드는 다음과 같이 말함으로써 웨슬리 형제에 대한 사랑을 끝까지 포기하지 않았다.

사랑하는 옛 친구들인 존과 찰스 웨슬리를 나는 아직도 내 영혼처럼 사랑한다. … 우리가 여러 면에서 다를지라도 나의 마음은 웨슬리와 깊이 연합되었다. 하나님께서 우리의 마음과 생각을 하나로 만들어주시기를 기원한다.

그러나 웨슬리는 휘트필드를 반박하면서 마치 자신이 하나님으로부터 받은 특별한 사명에 의해서 그 일을 행하고 있다는 식으로 행동했다. 웨슬리는 교리적인 문제에 있어서 뿐만 아니라 재산권 문제에 있어서도 휘트필드에게 고통을 주었다. 원래 브리스틀에 있는 뉴룸과 킹스우드의 '스쿨하우스'는 휘트필드와 그의 동역자 슈어드가 모금해서 지은 건물이었다. 그런데 웨슬리는 이 건물들을 이미 자기 소유로 삼고 있었다. 그러면서도 자신은 그 문제에 대해 아무런 책임이 없으며, 그 모든 문제의 발단은 휘트필드에게 있다고 주장했다. 웨슬리의 이러한 거짓된 태도에 대해서 휘트필드 주변에 있는 사람들은 분개하면서 재산권을 되찾아야 한다고 주장했다. 하지만 휘트필드는 자신에게 닥친 고통을 오직 그리스도의 사랑으로 감내할 뿐이었다. 그로부터 10여 년 후에 휘트필드는 웨슬리 형제로부터 당했던 고통스러운 일들을 회상하면서 다음과 같이 말했다.

나와 가장 가까웠던 귀한 친구들에게 밀려나고, 경멸당하고, 비난받고, 비방당하고, 비판받은 후 결국 그들로부터 결별까지 당한 것이 나에게는 유익입니다. 그로 인해 나는 친구 중의 친구이신 그분의 신실하심을 알게 되었기 때문입니다. ⋯ 그리고 모든 사람의 마음을 다 아시는 그분이 ⋯ 이제 ⋯ 모든 사람에 대한 나의 정직한 의도를 알고 계신다는 사실에 나는 만족합니다.

그 무렵 휘트필드에게 큰 슬픔을 안겨준 또 하나의 사건은 그의 동역자 윌리엄 슈어드의 죽음이었다. 슈어드는 처음에 웨일즈의 야외 집회에서 폭도들에 의해서 크게 다친 바 있었다. 나중에 다른 집회에서는 돌팔매질까지 당했다. 그 후 슈어드는 며칠 만에 연약한 몸을 회복하지 못하고 숨을 거두고 말았다. 휘트필드는 동역자의 죽음으로 슬픔에 잠길 틈도 없이 전혀 예상치 않았던 두 가지 문제에 봉착함으로써 더욱 큰 난관에 부딪혔다.

하나는 슈어드가 죽기 전에 고아원 명의로 진 빚(350파운드)을 휘트필드가 떠맡게 된 것이었다. 그때 채권자들은 그 기회를 이용해서 휘트필드의 활동을 완전히 봉쇄하려고 위협하면서 빚 독촉을 해왔다. 또 하나는 휘트필드와 함께 고아원 운영의 공동 책임자였던 슈어드의 죽음으로 이제는 휘트필드 혼자서 그 모든 책임을 맡게 된 것으로, 모든 것이 무거운 짐이었다.

그러나 한동안 휘트필드의 생애 가운데 드리워진 어둠의 그림자들은 시간이 지나면서 점점 그 자취를 감추게 되었다. 한때 잃었던 청중들은 다시 휘트필드에게 모여들기 시작했고, 영국에 돌아온 지 4개월 반쯤 지났을 때 그의 사역은 전과 같은 상태로 활기를 되찾았다.

스코틀랜드를 불태운 뜨거운 바람

휘트필드의 사역이 활기를 되찾으면서 스코틀랜드로부터 방문 요청이 쇄도했다. 스코틀랜드에서 휘트필드를 초청한 대표적인 몇몇 사람들은 유명한 장로교 목사였던 랄프 어스킨Ralph Erskine과 에벤에셀 어스킨Ebenezer Erskine 형제 그리고 국교회의 영적인 쇠퇴를 개탄하면서 부흥을 사모하는 복음주의자들이었다. 1741년 7월 29일 에든버러Edinburgh에 도착한 휘트필드는 이들의 영접을 받아 곧바로 그곳에서 설교했다. 당시 스코틀랜드에서는 에벤에셀 어스킨 목사와 같은 탁월한 설교자들에 의해서 몇만 명씩 모이는 야외 집회가 이루어지고 있었다. 그 정도로 영적 분위기가 한참 무르익어가고 있었다.

그러한 분위기 가운데 있었기 때문에 휘트필드가 던펌린Dunfermline에서 설교할 때 청중이 구름떼처럼 모여든 것이다. 존 케닉에게 보낸 편지에서 당시의 상황을 다음과 같이 말했다.

어제 나는 던펌린으로 갔는데 랄프 어스킨 씨는 그곳에 큰 집회소를 갖고 있었다. 그분은 나를 아주 따뜻하게 맞아주었다. 나는 밀물처럼 모여든 사람들에게 설교했다. … 기도를 하고 설교 본문을 말해주자 일제히 바스락거리며 성경을 찾는 소리가 나를 아주 놀라게 했다. 그것은 전에 한 번도 본 적이 없는 광경이었다.

원래 랄프 어스킨 목사는 에벤에셀 어스킨 목사, 그리고 뜻을 같이한 8명의 목사와 연합장로회를 결성할 계획을 갖고 있었다. 그들은 국교회의 느슨한 교리와 냉랭한 영적 분위기를 반대하면서 국교회의 관리들을 논박함으로써 목사직을 정지당한 사람들이었다. 그러나 그들의 교회는 사람들로 가득 찼으며 늘 활기 있게 영적 운동을 일으켜나가는 살아 있는 교회였다.

그 시점에서 랄프 어스킨 목사는 명성 있는 휘트필드를 연합장로교로 끌어들이려고 구상하며 그를 초청했다. 그러나 휘트필드는 연합장로교파를 조직하는 일에 동의할 수 없었다. 그 이유는 연합장로교 측에서 앞으로 휘트필드가 자신들의 편에서만 설교해줄 것을 부탁했기 때문이었다. 어떤 교파든지 오직 복음만을 전하려는 생각을 가진 휘트필드는 그들의 제안에 동의할 수 없었던 것이다.

이로써 휘트필드는 연합장로회와 결별했다. 그 후에는 국교회의 복음주의파와 협력해서 사역에 박차를 가하면서도 근본적인 입장은 모든 교파를 초월한 복음 사역을 지지했다. 그는 에든버러에서 3주 동안 머물면서 계속 집회를 인도했는데 수많은 인파가 몰려들었다. 휘트필드의 설교를 듣기 위해 모인 사람들 중에는 지위가 높은 사람들과 귀족들이 상당히 있었다.

이처럼 각계각층에 복음의 불길이 번져가고 있었지만 적대 세력에 의해서 방해를 받는 것은 다른 곳에서와 마찬가지였다. 특히 성직자들의 적대적인 태도가 두드러졌고,

일반 신자나 심지어 신자가 아닌 사람들까지도 휘트필드의 사역을 방해하기도 했다. 그들은 휘트필드가 고아원을 위해 모금한 돈을 개인이 착복할 것이라고 비아냥거리면서 휘트필드를 공격했다. 그러한 공격에 대해서 휘트필드는 다음과 같이 경제생활에 대한 자신의 좌우명을 밝힌 바 있다.

내가 사사로이 착복한 돈이 있기를 바라지만 나는 그런 일은 결코 인정하지 않을 것이다. 나에게는 지갑 같은 것이 없다. 나는 가진 것을 모두 나눠준다. 값없이 받은 것을 값없이 주기를 원하는 것이다. "가난한 자 같으나 많은 사람을 부요하게 하고"라는 말씀이 늘 나의 좌우명이 될 것이다.

휘트필드는 에든버러의 집회를 마친 후 곧바로 스코틀랜드 전역을 돌면서 설교함으로써 영적인 불길을 지폈다. 휘트필드가 약 3개월 동안 그곳에 머무르면서 복음의 씨앗을 뿌린 결과는 곧바로 나타나기 시작했다. 거리를 배회하는 아이들이 휘트필드의 설교를 듣고 변화되어 기도와 찬양을 그치지 않았다. 그런 식으로 신앙의 불길이 타올라 여러 도시를 불태웠다.

휘트필드는 스코틀랜드에 영적인 불을 지펴놓고 웨일즈로 가서 자신보다 10살 많은 엘리자베스 제임스라는 과부와 결혼하였다. 그 후 휘트필드 부부는 3년 뒤에 아들을 낳아 자신과 같은 설교자가 되기를 기대하면서 그 이름을 '요한'이라고 지었다. 하지만 그들의 소망은 물거품이 되고 말았다. 런던에서 추운 겨울을 지낼 수 있는 돈이 없었던 그들은 웨일즈에 있는 부인의 집으로 거처를 옮겼다. 그러나 웨일즈로 이사하던 도중 글로스터에 며칠 머무르는데 아이가 갑자기 병이 나서 죽고 말았다.

늦게까지 설교하고 돌아온 휘트필드는 죽은 아들의 장례까지 부인에게 맡기고 "울며 씨를 뿌리러 나가는 자는 정녕 기쁨으로 그 단을 가지고 돌아오리로다"라는 말씀을 인용하면서 다른 설교 계획 때문에 다시 집을 나섰다. 그는 그때의 상황을 다음과 같이 말했다.

설교가 끝나자마자 장례식을 알리는 종이 울렸다. 처음에
… 본성에 의해서 나는 그 소리에 동요를 느꼈으나 위를
쳐다보면서 다시 힘을 얻었다. … 우리와 아기와의 헤어
짐은 엄숙한 것이었다. 우리는 무릎을 꿇고 앉아 많은 눈
물을 흘렸다. … 내가 태어난 집에서 세상을 떠난 아기는
내가 세례를 받고 처음으로 성찬을 받고 처음으로 설교를
했던 교회로 옮겨졌다. … 나는 열왕기의 말씀으로 위로
를 받았다.

캠버슬랭의 부흥

휘트필드는 1742년 6월 3일에 스코틀랜드를 두 번째 방문했다. 그는 이 기간 중에 글래스고Glasgow 근처에 있는 두 교구 곧, 킬시스Kilsyth과 캠버슬랭Cambuslang에서 활동했다. 그 교구들은 얼마 전부터 영적인 침체 상태 가운데 있었다. 그러나 휘트필드가 처음으로 스코틀랜드를 방문했을 때 글래스고에서 한 주간 동안 설교했던 것이 계기가 되어 부흥하게 되었다.

그 후 부흥의 불길은 캠버슬랭의 조그마한 성경 공부 모임으로 번지면서 타오르기 시작했다. 윌리엄 맥컬록 목사의 보고에 의하면, 그 무렵 성경 공부를 마친 후에 영적으로 각성된 사람들이 300여 명을 넘어섰다고 했으니 캠버슬랭의 부흥의 불길은 이미 타오르고 있었던 것이다. 그런 영적인 분위기가 지속되던 중에 휘트필드가 캠버슬랭에 도착하자 부흥의 열기는 더욱 고조되었다. 휘트필드는 그날 정오에 도착하여 오후 2시와 6시 그리고 저녁 9시 등 세 차례나 설교하면서 그날의 상황을 이렇게 말했다.

그런 소동, 특히 밤 11시의 그런 소동은 이전에는 결코 들어보지 못한 것이었다. … 약 한 시간 반 동안 예배가 진행되는 사이 많은 사람이 눈물을 흘렸다. 또 어떤 사람들은 깊은 영적 슬픔에 빠져 다양한 방법으로 그것을 표현했다. … 그날 밤 그 들판에서는 밤새도록 기도와 찬양 소리를 들을 수 있었다.

그 다음 주일에는 휘트필드의 설교를 듣고 회심한 수많은 사람이 성찬에 참여했다. 토요일에는 온종일 예배가 진행될 정도였다. 휘트필드는 당시의 상황을 존 케닉에게 보낸 편지에서 다음과 같이 말했다.

안식일에 그곳의 인파는 2만 명 이상 되었던 것이 틀림없

소. … 목사들이 한 사람씩 온종일 설교했고 저녁 때 성찬이 끝난 후에는 목사들의 요청에 따라 내가 온 군중에게 설교했소. 월요일 아침에 다시 내가 설교했는데 그렇게 많은 사람이 동시에 감동에 빠지는 광경은 전에 결코 본 적이 없소. … 오후에 다시 청중이 엄청나게 모여들었고, 이전처럼 간절한 기도를 주님께 드렸소.

휘트필드는 캠버슬랭의 집회를 마치고 한 달 동안 다른 지역에서 계속 설교했다. 그리고 다시 캠버슬랭으로 와서 집회를 가졌다. 그때는 약 3만 명의 인파가 모였다. 그들은 스코틀랜드 전역에서 모여든 사람이었고, 심지어는 사흘이나 걸려서 말을 타고 온 사람도 있었다. 그날 예배는 아침 일찍부터 시작되었고 설교는 온종일 진행되었다.

캠버슬랭의 부흥은 분명 성령의 강한 역사에 의해서 이루어진 사건이었다. 그때 어떤 사람들은 말씀을 듣고 너무나 오랫동안 운 나머지 의식을 잃을 정도였다. 스코틀랜드의 캠버슬랭 부흥 운동에 대해서 역사가들은 주로 "엄숙한 사건의 영적인 영광", "말할 수 없는 영광의 즐거움", "모든 사람의 표정에 나타난 깊은 경건" 등으로 평가하면서 그 사건이 하나님의 특별한 역사임을 강조했다.

캠버슬랭의 부흥이 성령의 역사로 인하여 일어난 특별한 사건이라는 것이 눈에 띌 정도로 확연했다. 그럼에도 불구하고 휘트필드를 반대하는 사람들, 특히 연합장로회 측 사람들은 거룩한 역사에 흠집을 내려고 안간힘을 썼다. 그들은 휘트필드를 반대하는 여러 종류의 팸플릿을 발행하여 순식간에 배포하고 말았다. 그들은 다음과 같이 주장함으로써 휘트필드를 신랄하게 공격했다.

그는 우상숭배교인 영국 국교회의 일원인 추잡한 우상숭배자이다. 그는 적그리스도의 앞잡이이고, 수퇘지이며 야수이다. … 그는 스코틀랜드에서 그렇게 많은 돈을 모아 자신의 탐욕스러운 주머니 속에 넣고 말았다.

이 같은 중상모략은 휘트필드가 일전에 연합장로교와

손을 잡자는 그들의 제안을 거절했던 것에 대한 일종의 보복이었다. 그래서 휘트필드는 어떠한 대꾸도 없이 묵묵히 참아냈다. 휘트필드는 복음 사역을 펼쳐나가는 동안 언제나 반대자들의 공격과 비난 그리고 중상모략을 받았다. 그러한 악조건 가운데서도 그는 오직 그리스도의 정신으로 복음을 위해 일할 뿐 모든 수난을 기쁨으로 이겨냈다.

~

폭도들의 끝없는 공격

~

휘트필드의 공동체들이 활기를 띠면서 각 공동체의 지도 자들은 이중적인 고통을 겪게 되었다. 하나는 국교회의 성 직자들로부터 당하는 정신적인 고통이었고, 다른 하나는 폭도들로부터 직접 받은 육체적인 고통이었다. 1741년 웨 일즈의 어떤 마을에서 하웰 해리스Howell Harris가 당했던 고통이 얼마나 컸는지 해리스의 생생한 증언을 들어보자.

나를 향해 탄알이 날아왔어도 나는 움직이지 않았을 것이 다. 폭도들은 광분했다. 나는 목소리를 높이기 위해 목에 힘을 줬더니 머리가 산산조각이 날 정도였지만 오히려 나 는 그런 열심을 가지고 이렇게 외쳤다. "나는 내가 산산조 각이 나서 쓰러질 때까지 그리스도를 선포할 것이오!"

영국 평신도 설교자 존 케닉은 스윈던에서 설교하던 중에 당했던 폭도들의 공격을 다음과 같이 증언했다.

폭도들이 우리 얼굴 가까이에 총구를 들이대고 총을 쏘는 바람에 우리 얼굴은 탄약가루로 뒤범벅이 되었다. 하지만 우리는 두려워하지 않고 오히려 가슴을 펴고 죽을 각오가 되어 있다고 그들에게 말했다. … 그러자 지독한 도랑물 냄새가 나는 동력기를 우리를 향해 틀었다. … 다음 날 그들은 우리가 묵고 있는 로렌 씨의 집으로 몰려와 돌로 온 집안의 유리창을 다 깨고 4명의 식구를 채찍으로 때려 상처를 입혔으며 그의 딸 하나를 기절시켰다.

이 같은 폭도들의 공격은 휘트필드의 지지자들이 모여 설교를 듣는 곳이면 어느 곳이든지 연달아 일어났다. 폭도들은 예배 중에 건물을 부수고 들어와 몽둥이를 휘두르며 난동을 피운 적이 한두 번이 아니었다. 이러한 공격에도 설교자들은 전혀 요동하지 않고 오직 그리스도를 증거하려고 죽을힘을 다했다. 영국과 웨일즈 전역에 부흥 운동이 일어나고 있는 동안에 복음을 전하는 설교자들은 어느 곳을 가든지 이러한 공격을 당했다. 그러나 폭도들의 공격이 심해질수록 설교자들은 복음의 열정을 더욱 뜨겁게 피웠다.

폭도들의 공격이 수그러지지 않고 계속적으로 늘어나자 마침내 휘트필드는 중대한 결단을 내렸다. 폭도들을 법정에 세우고, 난동에 적극적으로 참여한 사람들을 고소한 것이다. 그러나 피고소인들은 변호사를 동원하여 다음과 같은 변론으로 맞섰다.

첫째, 감리교도들은 어디서나 광신자로 알려졌다. 둘째, 피고소인들은 마을의 안녕을 위해 광신자들을 대항하여 싸웠다. 셋째, 감리교도들이 먼저 피고소인들을 공격하여 소요를 일으켜서 피고소인들은 방어만 했을 뿐이다.

배심원들은 변호사들의 변론을 들었지만 최종적으로는 피고소인들의 공소 사실을 모두 인정하게 되어 고소인에게 승리를 안겨주었다. 따라서 그때부터 휘트필드는 난동자들에게 손해배상을 청구할 수 있었지만 그들을 용서하기로 했다. 그 이후부터 각종 집회에서 일어나는 난동은 완전히 사라지지 않았지만 현저하게 줄어들었다. 폭도들의 난동이 점차 수그러들자 휘트필드는 그동안 불타오르는 복음의 열기 때문에 잊고 있었던 미국의 사역들을 회상했다. 그제야 자신이 곧 미국으로 돌아가야 한다는 사실을 깨닫게 되었다. 그래서 자신이 없는 동안 영국의 사역을 존케닉에게 맡기고 아내와 함께 미국으로 갈 채비를 하였다.

하지만 플리머스 항에 도착했으나 프랑스와의 전쟁으로 인해서 배가 출항할 수 없었기 때문에 결국 휘트필드 부부는 그곳에서 6주 동안이나 머물러야 했다. 그 사이 휘트필드는 폭도들로부터 살해당할 위기까지 겪으면서도 매일 세 차례씩 설교하며 복음을 전했다. 휘트필드에게 그곳은 생소했음에도 불구하고 그렇게 짧은 기간 동안 두 개의 공동체를 결성하는 성과를 거두었다. 그리고 8월 7일 아내와 함께 미국으로 향하는 배에 올랐다.

시련의 바람, 복음의 불꽃

영국을 떠난 지 두 달 반 만에 휘트필드는 뉴햄프셔의 요크에 상륙하게 되었다. 휘트필드가 그곳에 도착한다는 소문이 퍼져나가자 주변에서 수많은 사람이 모여들어 그를 환영하였다. 미국의 대각성 운동은 4년 전 휘트필드가 그곳을 떠날 당시처럼 그가 떠난 후에도 계속적으로 진행되고 있었다. 라임Lyme의 한 목회자는 이 놀라운 복음의 역사에 대해, 자신이 9년 동안 사역하면서 이룬 것보다 더 많은 변화가 단 6개월 동안에 일어났다고 증언했다.

하지만 그 무렵 휘트필드의 건강은 썩 좋은 편이 아니었다. 그에게 쏟아지는 비난들도 그치지 않았다. 휘트필드를 공박하는 유인물들 중 하나는 '하버드 대학의 총장, 교수, 강사, 그리고 히브리어 전임강사가 조지 휘트필드를 논박하는 증언'이라는 것도 있었다. 그 '증언'에서는 휘트필드를 가리켜 "광신자, 비판적이고 무자비한 사람, 대중을 기만하는 자"라고 주장했다.

그런 비난과 공격 가운데서 휘트필드에게 또 하나의 정신적인 고통을 가중시킨 것은 고아원 경영 문제였다. 그 무렵에 벤저민 프랭클린이 개인적인 기부금 형식으로 돈을 보내 도움을 주었지만 또 다른 문제에 봉착하게 되었다. 한때 고아원 경영을 돕겠다고 휘트필드에게 돈을 빌려주었던 토머스 노블이 자신의 전 재산을 모라비아교도들에게 주겠다는 유언을 남기고 세상을 떠나버린 것이다. 그로 인하여 휘트필드는 빚 독촉에 시달리게 되었다.

그 무렵 보스턴에서는 휘트필드를 위해 미국에서 제일 큰 교회를 지어주겠다는 제의로 간곡하게 사역을 요청해 왔다. 필라델피아 사람들도 그곳에서 6개월 동안만 설교해주면 연봉 800파운드를 주겠다는 제의를 하기도 했다. 그러나 휘트필드는 이 모든 제의를 정중히 사양함으로써 현실에 안주하고 싶은 유혹을 뿌리쳤다. 그의 말을 직접 들어보자.

누가 나에게 엄청난 액수의 생활비를 주겠다고 한다. …

내가 받아들이기만 하면 얼마든지 받을 수 있다. 그러나

영광 안에 안식하기까지 나는 결코 안주할 생각이 없다.

베데스다 고아원의 재정적인 문제로 고심하던 중에 그
의 친구들이 한 가지 제안을 해왔다. 그 지방의 식민 농장
과 노예들을 비싼 값으로 사서 '프로비던스Providence'라는
농장을 만들어 고아원에 후하게 기부하겠다는 것이었다.
휘트필드는 그 제안에 쉽게 동의했다. 이로써 휘트필드는
노예 제도를 인정하고, 심지어 휘트필드 자신이 노예의 소
유주가 된 격이었으니 그것은 휘트필드 생애에 있어서 가
장 큰 오점이 되고 말았다. 그런 상황에서 영국으로부터 온
한 통의 서신은 휘트필드를 다시 한 번 절망하게 했다.

영국을 떠나오기 전에 자신의 후계자로 세워놓은 존 케
닉이 자신과 그 모든 사역을 버리고 모라비아교로 떠나버
렸다는 소식이었다. 케닉을 잃은 '장막Tabernacle'의 직분
자들과 하웰 해리스는 휘트필드에게 영국으로 속히 돌아

와 달라고 간곡하게 부탁했다. 하지만 휘트필드는 당장 미국을 떠날 상황이 아니었다. 미국 전역에서 쇄도하는 집회 요청을 뿌리치고 본국으로 돌아갈 수 없었기 때문이었다.

미국에서 불어닥친 거친 시련의 바람 가운데서도 복음의 불꽃은 사라지지 않았다. 거룩한 불길이 휘트필드의 가슴을 불태웠다. 타오르는 복음의 불길을 누구도 끌 수 없었다. 그러기에 일정 기간 동안 휴식을 취해야 한다는 의사의 진단에도 불구하고 휘트필드는 쓰러질 때까지 계속하겠다는 비장한 각오로 설교를 강행해나갔다.

5장

하나님의 이름을 영화롭게 하다

George Whitefield

~

휘트필드라는 이름은 사라지게 하라

~

미국에서 보냈던 4년간은 참으로 힘들고 어려운 길이었다. 대각성 운동을 흠집 내려는 사람들의 비난과 자신을 광신주의의 원조로 몰고 가려는 사람들의 공격, 그리고 물질적 어려움과 명예에 대한 유혹들 때문에 휘트필드는 끊임없이 시달려야 했다. 하지만 휘트필드는 모든 것을 지혜롭고 신중하게 대처함으로써 극한 위기와 어려움을 잘 극복해냈다.

그 결과 휘트필드의 사역은 예전보다 더욱 활성화되어 그의 생애에 있어서 가장 큰 기쁨을 누릴 정도로 활력이 있었다. 시간이 지나면서 미국의 대각성 운동에 치명타를 가했던 광신주의도 대부분 사라지게 되었다. 하지만 미국에서 휘트필드의 죽음을 무릅쓴 뜨거운 열정과 열심은 그의 몸을 급격하게 상하게 했다. 급기야 1748년 초, 33살의 나이에 병약해진 몸을 이끌고 휴식 장소를 찾기에 이르렀다.

휘트필드는 그해 3월에 아내를 필라델피아에 둔 채 휴식을 위해서 버뮤다Bermuda라는 섬으로 향했다. 섬에 도착한 휘트필드는 그곳 주민들로부터 열렬한 환영을 받았다. 그곳 사람들은 즉시 그에게 설교를 요청했다. 결국 휘트필드는 휴식을 취하러 간 목적에도 아랑곳하지 않고 계속적으로 들어오는 설교 요청에 응하고 말았다. 그곳에서도 놀라운 하나님의 임재와 능력을 체험하게 되었다. 그는 자신의 몸이 지쳐서 가눌 수 없을 정도가 되어도 복음을 듣기 원하는 사람들에게 실망을 안겨줄 수 없었다.

그래서 휘트필드는 모든 설교 요청을 수락했다. 11주 동안 온 섬 주민에게 하루에도 두세 차례씩 설교했다. 휘트필드의 몸은 점점 쇠약해졌지만 정신적으로는 그의 생애에 있어서 가장 행복한 시간이 되었다. 왜냐하면 버뮤다에서는 누구의 방해나 비난도 없이 평안하게 설교할 수 있었기 때문이었다. 이것을 보면 휘트필드의 생애 가운데서 그의 사역을 방해하는 사람들이 얼마나 많았는지 짐작이 가고도 남는다.

휘트필드가 버뮤다에 있는 동안 영국에 있는 '장막'의 사역자들은 휘트필드가 속히 영국으로 돌아와야 한다고 강력하게 촉구하는 편지를 보냈다. 휘트필드의 후계자로 활약하던 존 케닉이 모라비아교로 개종해버렸고, '장막' 내의 유능한 설교자 윌리엄 쿠드모어William Cudmore가 300 여 명의 사람을 이끌고 다른 곳에 독자적인 공동체를 세운 일까지 발생했다. 게다가 존 케닉의 후임으로 하웰 해리스가 장막의 책임을 맡고 있었으나 그 지도력에 한계가 있었던 것이다.

결국 휘트필드는 귀국할 것을 결심했다. 그는 아내를 미국에 남겨둔 채 영국행 배를 타게 되었다. 4년 만에 영국으로 돌아온 휘트필드는 런던에서 수많은 인파의 환영을 받았다. 당시 사람들은 1748년 5월 호 〈젠틀맨스 매거진The Gentleman's Magazine〉의 부음訃音란에 '유명한 순회 설교자이며 감리교의 창시자 조지 휘트필드 목사'라는 광고를 보고 휘트필드가 이미 병들어서 죽었다고 생각했다. 그런데 휘트필드가 살아서 돌아온다는 소식은 그를 따랐던 수많은 사람을 흥분케 했다.

휘트필드가 런던에 도착하자마자 '장막'의 일은 활기를 되찾았다. 예배 때마다 군중이 차고 넘치게 되었다. 휘트필드의 야외 설교장이었던 무어필즈에는 다시 그의 설교를 듣기 위해서 모여든 인파로 가득했다. 글로스터와 브리스틀까지 그가 증거한 복음의 열풍이 다시 한 번 뜨겁게 타올랐다. 이처럼 휘트필드의 사역이 눈에 띄게 왕성해지자 '장막' 측의 사람들은 흥분하기 시작했다. 그들은 지금까지 휘트필드와 그 추종자들이 웨슬리 측 사람들에게 당해온 일들을 생각하면서 자신들이 승리했다는 것을 주장하며 분파적 경쟁에 휘말릴 조짐을 보였다.

하지만 휘트필드는 그러한 경쟁적 심리를 용납할 수 없었다. 그는 존 웨슬리, 찰스 웨슬리 그리고 하웰 해리스 등과 만나 연합을 위해 여러 차례 의견을 주고받았으나 결국 해답을 얻지 못했다. 그래서 휘트필드는 감리교의 수장 지위를 포기하기로 결정했다. 휘트필드는 이미 웨슬리에게서 "첫째가 아니고는 만족하지 않는" 공명심을 보았던 것이다. 그렇기 때문에 더 이상의 싸움과 분열을 막기 위해서 웨슬리에게 감리교의 단일 수장이 되게 했던 것이다.

이때 휘트필드를 따르던 수많은 사람은 그가 연합체 수장의 지위를 포기하는 것을 강력하게 반대하고 나섰다. 그러나 휘트필드의 단호한 결단 앞에 그들의 모든 소망은 물거품이 되고 말았다. 휘트필드가 수장직을 포기한 것을 본 대다수의 추종자는 장차 그의 명성은 사라질 것이며, 마침내 후세대에게 잊혀진 존재가 될 것이라는 우려를 금치 못하였다. 그때 휘트필드는 다음과 같이 대답했다.

휘트필드라는 이름은 사라지게 하고 모든 사람의 발길 아래 짓밟히게 하라. 그렇게 함으로써 그리스도의 이름이 영화롭게 될 수 있다면. … 내 이름은 모든 곳에서 없어지게 하고, 내 친구들조차 나를 잊게 하라. 그렇게 함으로써 복되신 그리스도의 대의가 증진될 수만 있다면. … 나는 누가 제일 윗자리에 있는가에 관심이 없다. 나는 내 자리를 안다. ⋯ 설령 그것이 모든 사람의 종이 되는 자리일지라도. ⋯ 나는 내 명성을 깨끗하게 지워버릴 심판의 날이 올 때까지 만족하며 기다린다. 그리고 내가 죽은 뒤 묘비에 "여기 G.W. 눕다. 그가 어떤 사람이었는지는 위대한 심판 날이 밝혀줄 것이다"라는 말 외에는 쓰지 마라.

~

존 웨슬리와 우정이 회복되다

~

세월이 지나면서 휘트필드는 존 웨슬리와의 관계에 있어서 새로운 국면에 들어가게 되었다. 휘트필드는 웨슬리와 결별한 이후에 우정의 회복과 화해를 위해서 이미 많은 노력을 해왔다. 휘트필드가 존 웨슬리로 인하여 그렇게 많은 상처와 아픔을 겪었음에도 불구하고 웨슬리를 한 번도 경쟁자나 적대자로 생각한 적이 없었으니 우정의 회복과 화해를 위한 노력은 당연했던 것이다.

그러던 중에 휘트필드는 웨슬리 형제가 지도하고 있는 공동체에 가서 설교하게 되었고, 웨슬리 사역의 본부였던 '파운더리'에 가서도 설교하게 되었다. 이때 휘트필드가 '파운더리'의 2천여 명 앞에서 설교할 때 웨슬리는 기도문을 읽었다. 그 다음 주일에는 웨슬리가 설교하고 휘트필드는 기도문을 읽을 정도로 둘 사이는 새로운 관계에 들어서게 되었다. 이는 휘트필드가 자기 희생적인 결단으로 수장 직을 포기한 후에 이루어진 결과였으니 우정을 회복하기 위한 그의 노력이 그제야 열매를 맺은 것이다.

그 후에도 웨슬리 교인들이 아일랜드에서 폭력 때문에 고통받고 있을 때 휘트필드는 귀족들과의 친분을 이용해서 왕에게 그 일을 고하여 폭력을 근절하려고 했다. 심지어 자신이 직접 아일랜드까지 찾아가서(1751년) 문제를 해결하려고 했다. 1753년 웨슬리가 폐병으로 죽을 위기에 처해 있을 때에도 휘트필드는 즉시 웨슬리를 방문했다. 그때 다음과 같은 편지를 보냄으로써 웨슬리에 대한 애정을 표시하였다.

사랑하는 목사님. … 휘황찬란한 보좌가 당신을 기다리고 있으며, 머지않아 당신은 주님의 기쁨 안으로 들어가게 될 것입니다. … 사람들이 기도로써 당신을 붙든다면, 존경하고 사랑하는 웨슬리 목사님, 당신은 아직 우리를 떠나지 못할 것입니다. … 조지 휘트필드.

웨슬리는 그 후에 병이 회복되어 약 40여 년 동안 활발하게 사역했다. 휘트필드는 먼저 하나님의 품으로 가면서 (1770년) 자신이 죽으면 장례식 집례는 존 웨슬리가 하면 좋겠다고 당부할 정도로 웨슬리와의 우정을 죽는 순간까지 지키려고 했다.

휘트필드가 당시 비 국교회 건물로써는 세계 최대 규모였던 토트넘 코트 로드 교회를 건축했을 때 교회 지하에 납골소를 만들었다. 그곳에 자신의 부부와 그 교회의 목사들, 그리고 웨슬리 형제까지도 묻힐 계획을 세웠다. 하지만 휘트필드를 따르는 교인들은 그것을 반대했다. 그러자 휘트필드는 자신을 따르던 교인들에게 이렇게 말했다.

나는 이 교회에 지하 납골소를 만들어놓았으며, 죽으면 거기 묻힐 작정이고 또 존과 찰스 목사님도 거기 묻힐 것입니다. 우리는 모두 함께 누울 것입니다.

영원한 안식에 들어가다

휘트필드는 그의 생애 말기에 거의 20여 년간을 영국과 스코틀랜드, 웨일즈, 아일랜드, 그리고 미국을 몇 차례나 다니면서 복음을 증거하며 보냈다. 1761년 즈음에는 휘트필드의 건강이 거의 죽음에 이를 만큼 악화되었다. 그의 건강 상태가 악화된 것은 하루 이틀 사이의 문제가 아니었다. 이미 10여 년 전부터 건강이 심상찮은 기미를 보여왔었다. 1748년 스코틀랜드를 방문했을 때 세찬 바람 속에서 수많은 사람에게 설교하느라 무리하게 목을 사용하는 바람에 호흡할 때 심한 통증을 느낄 정도가 되었다. 그 후부터 많은 청중에게 큰 소리로 설교하고 나면 곧바로 심각한 각혈 증세를 보였다.

결국 휘트필드는 1760년 초에 이르러서는 몸이 너무 약해져서 설교를 더 이상 할 수 없을 정도가 되었다. 그때 나이가 45살이었으니 참으로 애석한 일이 아닐 수 없다. 활활 타오르는 복음의 열정과 죽음을 무릅쓴 설교 일정의 강행으로 너무 무리하게 몸을 사용한 것이 화근이 되어 설교를 중단해야 할 상황에까지 이르렀다. 그런 상황에서도 비난과 공격이 그치지 않았다. 그런 정신적인 고통을 안은 채 건강이 더욱 악화되어서 이제 거의 죽음의 문턱까지 이르게 된 것이다.

하지만 하나님께서는 아직까지 휘트필드가 역사의 무대에서 사라질 때가 아님을 직접 보여주셨다. 휘트필드의 건강을 극적으로 회복시켜주신 것이다. 그는 건강이 차츰 회복되어 설교할 수 있을 정도가 되자 또다시 브리스틀과 플리머스에 가서 사역을 감당했다. 얼마 후에는 네덜란드, 스코틀랜드를 방문하였고, 1763년에는 여섯 번째로 미국을 방문하였다. 이때 휘트필드는 베데스다 고아원을 짓기 위해서 짊어진 부채를 모두 갚게 되었다. 베데스다에 부속 대학을 설립하려는 애당초의 계획을 실현하기 위해 노력한 끝에 조지아 주 총독의 허락도 받아냈다.

그 후 1769년에 일곱 번째로 미국을 방문해서 식민지 의회의 하원법에 따라서 대학설립을 추진하였다. 이때도 휘트필드는 육신적으로는 베데스다에서 편히 쉬고 싶은 마음이 있었지만 타오르는 복음의 열정은 그를 쉬도록 놔두지 않았다. 그래서 그는 자신의 설교가 필요한 곳이면 어느 곳에든지 가서 설교하였다.

1770년 9월 29일 휘트필드가 보스턴으로 가는 도중 엑서터Exeter라는 마을에 이르렀을 때 수많은 사람이 설교해 달라고 요청하였다. 그때 휘트필드의 건강은 도저히 설교할 만한 상태가 아니었다. 하지만 휘트필드는 자신의 설교를 듣고자 하는 사람들의 요청을 뿌리칠 수 없었다. 그래서 다음과 같이 기도하고 강단으로 나갔다.

주 예수여, 저는 주님의 일에 지쳐 있기는 하지만 그 일에 싫증을 느끼지는 않습니다. 제가 아직 갈 길을 다 가지 못했다면 저로 하여금 다시 한 번 들판에 가서 당신을 위해 말하게 하시고 당신의 진리를 증거하게 하신 후 죽어 본

향으로 가게 하소서.

그날의 설교는 고린도후서 13장 5절을 본문으로 "너희
가 믿음이 있는가 너희 자신을 시험하라"는 말씀이었다.
많은 사람은 그 설교가 휘트필드에게서 들은 설교 중 가장
위대한 설교였다고 말했다. 아마 휘트필드는 이 설교가 생
애에서 마지막 설교가 될 것이라는 것을 이미 예측하고 있
었던 것 같다. 그는 잠시 후면 자신이 가야 할 하늘의 보좌
를 바라보며 다음과 같이 간절하게 기도드렸다.

나는 나를 위해 예비된 안식으로 갑니다. 내 태양이 떠올
라 하늘로부터 도움을 받아 많은 사람에게 빛을 비추었습
니다. 이제는 해가 질 시간입니다. … 내 육신은 쇠하나 영
혼은 영원히 거합니다. 나는 얼마나 기꺼이 그리스도를
전파하기 위해 살려 했는지! 그러나 나는 그분과 함께하
기 위하여 죽습니다!

휘트필드는 엑서터에서 설교를 마치고 뉴버리포트 Newburyport에 있는 올드 사우스Old South 장로교회의 조나 단 파슨즈 목사 집으로 갔다. 휘트필드가 동네에 왔다는 소 문이 전해지자 동네와 인근 주변에서 많은 사람이 몰려왔 다. 휘트필드는 이미 몸을 가눌 수 없을 정도가 되었지만 사람들의 요청에 못 이겨 창문을 열어놓고 촛불을 든 채 그 촛불이 꺼질 때까지 설교했다. 실로 그날 저녁에 휘트필드 가 들고 있었던 촛불은 마치 온 세상의 죽어가는 영혼들에 게 복음의 빛을 비춰주고 말없이 죽어갔던 자신의 삶을 상 징하는 것과 같았다.

휘트필드는 그날 저녁 촛불이 꺼질 때 설교를 마치고 편 안한 밤을 보냈다. 그리고 다음 날 주일 아침 7시, 지상에서 의 모든 싸움을 마치고 위대한 믿음의 거장 조지 휘트필드 는 하나님의 품에 고이 안겼다. 1770년 9월 30일, 그의 나 이 55살 때였다. 이로써 휘트필드는 자신이 그렇게 많은 사 람에게 안내해주었던 복되고 영원한 아버지의 나라로 들 어갔다. 그날 아침 휘트필드는 수많은 사람에게 슬픔을 안겨주고 육신의 장막을 떠났지만 하늘의 천군 천사들의 영접을 받으며 그리스도와 함께 영원히 있게 되었다.

10월 2일 휘트필드의 장례예배가 뉴버리포트 장로교회에서 거행될 때 수많은 사람이 흐르는 눈물을 주체하지 못했다. 그의 죽음의 소식이 영국의 장막과 토트넘 코트 로드 교회 사람들에게 전해지자 그들은 한없이 눈물을 흘리며 휘트필드의 죽음을 슬퍼했다. 그 후 11월 11일에는 휘트필드 생전의 유언에 따라 웨슬리가 '장막'과 '토트넘 코트 로드 교회'에서 눈물로 장례 설교를 하면서 다음과 같이 휘트필드를 극찬했다.

어느 누가 그처럼 수많은 사람을 그리스도께로 불렀으며 그처럼 엄청나게 많은 죄인을 회개시켰다는 말을 읽거나 들은 적이 있는가? 무엇보다도 어느 누가 그처럼 많은 사람을 어둠에서 빛으로 인도하고 사단의 세력으로부터 하나님께 인도하는 복된 도구가 되었다는 사실을 듣거나 읽은 적이 있는가?

생애 연보

1714	12월 16일 영국 중부지방 글로스터에서 태어나다.
1726	교회 부설 학교로 정규 교육을 시작하다.
1729	학업을 중단하고 여인숙 급사로 일하다.
1732	옥스퍼드 대학교 펨브룩 칼리지에 입학하다.
	홀리클럽에서 경건 생활을 체험하다.
1736	영국 국교회 소속 벤슨 주교에게 집사 안수를 받다.
1739	벤슨 주교에게 사제 안수를 받다.
	브리스틀 킹스우드에서 최초로 야외 설교를 하다.
	교리적인 차이로 존 웨슬리와 결별하다.
1740	미국 조지아에서 베데스다 고아원을 설립하다.
	흑인 교육을 위한 나사렛 건물을 시공하다.
	뉴잉글랜드 전역을 휩쓴 대각성 운동을 주도하다.
1741	엘리자베스 제임스와 결혼하다.
1755	당시 비 국교회 건물로써는 세계 최대 규모인
	토트넘 코트 로드 교회를 짓다.
1770	9월 30일 하나님 품에 안기다.

참고문헌

• Backhouse. Robert. ed., *The Journals of George Whitefield*, London: Hodder & Stoughton, 1993.

• Dallimore. Arnold A, *George Whitefield: The life and times of the great evangelist of the 18th century revival*, vol. I, II. Edinburgh: The Banner of Truth Trust, 1970(reprinted 1995).

• Gillies. John, *Memoirs of the Life of the Revrend George Whitefield*, M. A., London: Edward and Charies Dilly, 1772.

• George Whitefield's Journals, 6th impression 1992.

• Packer. J. I, "Great George", *Christianity Today*, September 19, 1986.

• Tyerman. Luke, *The Life of the Rev. George Whitefield*, B. A., of Pembroke College, Oxford., vol. I, London: Hodder & Stoughton, 1890.

• 송삼용, 《위대한 설교자 조지 휘트필드》, 생명의말씀사, 1998.

• 송삼용, 《영성의 거장들》, 기독신문사, 2002.